Stb

Stefanie Menzel

Mit der Welt in Resonanz

Das Spiegelprinzip
im täglichen Leben

Als Vorlage diente die 2011 im Schirner Hauptprogramm
erschienene Ausgabe

© 2009 Schirner Verlag, Darmstadt

Alle Rechte vorbehalten

1. Auflage 2011

ISBN 978-3-8434-3011-1

Umschlag: Murat Karaçay, Schirner,
unter Verwendung von Fotolia 13414243 (Jean Kobben)
www.fotolia.de
Satz: Elke Truckses, Schirner

Printed by: OURDASdruckt!, Celle, Germany

www.schirner.com

Inhalt

Vorwort

Mein im Frühjahr 2009 erschienenes Buch *Heilenergetik* hat viel Aufmerksamkeit und Zuspruch gefunden.

In diesem Folgeband sollen nun praktische Beispiele dargestellt werden, wie sich die Funktionen und Abläufe des menschlichen Energiefeldes im praktischen Alltag auswirken und wie gezielt mit ihnen gearbeitet werden kann.

Die gestaltende Kraft des Energiefeldes wirkt bei jedem Menschen, zeit seines Lebens, ob er sich dessen bewusst ist oder nicht. Ihre Wirkungsweise zu verstehen und aktiv mit ihr umgehen zu können, macht das Leben leichter, es lässt Sie erfolgreich, gesund und glücklich sein und bringt Lebensfreude.

Nehmen Sie dieses Buch zum Anlass, einen liebevollen Blick auf Ihr Leben zu werfen. Sie haben es mit der Ihnen eigenen Kraft Ihres Energiefeldes gestaltet. Das Ergebnis sehen Sie in allen Bereichen Ihres Lebens.

Ist das Ergebnis so, wie Sie es sich wünschten, zeigt dies, dass Sie Ihrem Wesen gemäß leben.

Gibt es Probleme, Schwachstellen oder Misserfolge, haben Sie mit den praktischen Ansätzen der Heilenergetik die Möglichkeiten in der Hand, Ihre Lebensgestaltung ab sofort zu verändern.

In dieses Buch flossen Anregungen vieler Teilnehmer der Heilenergetiker-Seminare und der sinnanalytischen Aufstellungen ein. Ihnen allen danke ich für ihre Fragen und Erzählungen.

Heilenergetik entspringt der Mitte des Lebens und lebt mit den Menschen, die sich aktiv mit ihrem Dasein beschäftigen.

Auch bei diesem Buch stand mir mein Partner Theo Kaiser unentbehrlich zur Seite. Hierfür ein herzliches Dankeschön.

Stefanie Menzel

Einleitung

Das Leben ist ein fließender Vorgang von fortwährendem Gestalten, Spiegeln und Verändern.

Seit der Mensch in der Lage ist, selbstständig bewusst zu denken, fasziniert ihn das Leben. Weshalb lebe ich? Was soll ich hier? Woher kam ich? Wohin werde ich einst gehen? Wer bin ich eigentlich? Diese grundlegenden Fragen der Menschheit sind ungeklärt und unbeantwortet.

Dieses Buch möchte Anregungen geben, sich mit diesen Fragen zu beschäftigen. Die Antworten, die Sie dabei finden, können immer nur individuell sein. Nur Sie selbst können das in diesem Buch Gesagte auf Ihr eigenes Leben übertragen.

Die Suche nach Antworten bedarf zunächst grundlegender Informationen darüber, wie wir Menschen beschaffen sind und wie die Abläufe unseres Lebens zusammenhängen.

Hier sind einige dieser grundlegenden Informationen über unser Sein im Überblick:

1. Der Mensch ist ein eergetisches Wesen.
2. Sein Leben dient dazu, Erfahrungen und Erkennt-

nisse im Umgang mit anderen Menschen in einer materiellen Welt zu sammeln.

3. Er hat sein Leben einer individuellen Thematik gewidmet.

4. Er hat sich vor seiner Geburt für die Erfüllung dieser Grundaufgabe biologische Voraussetzungen und individuelle Talente ausgesucht.

5. Sein Energiefeld ist der Bauplan für seinen materiellen Körper, und es gestaltet alle seine Beziehungen zu seiner Umgebung.

6. Seine individuelle Thematik und seine Herkunft vergisst er mit der Geburt. Er erhält jedoch zeitlebens Hinweise, die ihm dabei helfen sollen, sein Ziel zu erreichen.

7. Diese Hinweise erhält er in Form aller Emotionen, Erfahrungen, Erlebnisse und Begegnungen. Er muss sie lediglich erkennen und zu deuten wissen.

Ich lade Sie ein, sich auf die Suche nach IHREN Antworten zu machen.

Lernen Sie sich selbst, Ihre individuelle Thematik und das Ziel Ihres Lebens kennen. Sie können auf diesem Weg Ihr bisheriges Leben betrachten und beginnen, die vielen, Ihnen zeitlebens gegebenen Hinweise zu verstehen.

Lernen Sie die Möglichkeiten kennen, die sich Ihnen bieten, wenn Sie die Welt als Resonanzkörper betrachten.

Beschäftigen Sie sich mit den Zusammenhängen von Gestalten – Spiegeln – Verändern.

Das Leben ist ein Spiel, es verläuft nach bestimmten Regeln. Die Umwelt als Resonanzfeld zu erleben, ist ein Teil der Spielregeln.

Wissen Sie, wie es ist, an einem Spiel teilzunehmen und die Regeln nicht zu kennen? Sie haben nicht die geringste Chance, Spaß am Spiel zu bekommen, sondern Sie werden sich vermutlich furchtbar ärgern. Noch weniger können Sie das Spiel gewinnen, und den gesamten Verlauf des Spiels nennen Sie dann Zufall.

Lassen Sie sich im Folgenden die Spielregeln des Lebens erklären, und Sie werden schnell sehen, mit wie viel Spaß und Selbstverständnis Ihnen das Leben von nun an von der Hand gehen wird. Sie werden von nun an immer genau die Zahl würfeln, die Sie auf Ihrem Weg sicher ins Ziel trägt.

Grundlagen der Resonanztheorie

Das Leben und meine Verantwortung

*Ich gebe die Eigenverant-
wortung für mein Leben
und meine Gefühle ab
und werde abhängig.*

Der Wecker klingelt. Es ist 6 Uhr morgens und wie jeden Tag quäle ich mich aus dem Bett, um mit einem lauten und genervten »Aufstehen« die Kinder zu wecken.

Mein Mann steht schon unter der Dusche und erwartet gleich einen frischen heißen Kaffee.

Die Kinder fangen sofort nach dem Aufstehen mit ihren endlosen Zankereien an, und ich merke, wie ich schon jetzt genervt bin.

»Ist mein Hemd gebügelt, du weißt doch, ich habe heute einen wichtigen Termin in der Bank ...!«

Wann hatte ich eigentlich meinen letzten wichtigen Termin ...?

Bin ich wichtig?

Die Kinder poltern laut an den Tisch und zanken sich um die Cornflakes. Mit hämischer Miene hat sich mein Sohn triumphierend durchgesetzt, was ja auch kein Wunder ist. Er ist drei Jahre älter und doppelt so stark wie meine kleine Tochter Tina, die heulend und wütend ihre Schüssel von sich stößt.

Mein Gott, geht es auch mal ruhiger so früh am Morgen? Mein Mann greift sich die Tageszeitung und verschwindet mit einem hastigen Blick in den Spiegel und noch kauend in Richtung Garage. Die Kinder haben die Schultaschen gepackt und laufen hinterher.
Einen Moment lang herrscht Ruhe, ein chaotischer Frühstückstisch, ein Badezimmer, das aussieht, als hätte eine Bombe eingeschlagen. Schlafzimmerluft und Kaffeegeruch umhüllen mich. Ich sinke auf den nächsten Stuhl und genieße einen Augenblick diese Ruhe.
Wo bin ich bei dem ganzen Wirrwarr?
Es fühlt sich an, als ob ich schon 10 Stunden auf den Beinen wäre, so sehr schlaucht mich dieser morgendliche Ablauf. Ich bringe das Haus in Ordnung und gehe unter die Dusche.

So nackt vor dem Spiegel erschrecke ich kurz und schaue noch mal hin. Wo sind meine knackige Haut, mein straffer Busen, wo mein gut gelauntes Gesicht geblieben? Ich habe Falten bekommen und sehe eher traurig aus. Ich sollte mich fit halten, sonst sucht sich mein Mann noch eine Freundin.

»Es gibt nichts Schlimmeres als abgetakelte Mütter mit schlechter Laune und einem Gesicht, das ständig sagt, wir müssen mal reden«. Das hat er mir schon oft gesagt, wenn er mir von den Frauen seiner Kollegen berichtete.

Mein Spiegelbild hält seinen Ansprüchen sicher nicht stand. Erzählt er womöglich auch so von mir?

Um halb zehn treffe ich meine Freundinnen zum Joggen. Die eine erzählt von ihren Eheproblemen. Genau wie bei mir, denke ich. Überall das Gleiche. Nervige Kinder, die endlos fordern und schlecht gelaunte Männer, die überall sind, bloß nicht bei ihrer Frau.

Die andere Freundin hat soeben die Trennung hinter sich. Der Mann hatte eine andere, Jüngere, die nicht so viele Fragen stellt und einfach sexy ist. Er ist gegangen und hat sie und die Kinder sitzen lassen.

Das würde mein Mann nie tun, da bin ich sicher. Nein, die armen Kinder, das brächte er nicht über sein Herz.

Die dritte Freundin, Ulrike, hat einen Geliebten. Diese ewige Heimlichtuerei raubt viel Kraft und nimmt die Freude an dem sicher aufregenden Sex mit dem neuen Mann. Dessen Frau hat etwas gemerkt und Ulrike einen bösen Brief geschrieben. Jetzt hat sie Angst, dass ihr Mann etwas mitbekommt und sie rausschmeißt. Auch nicht wirklich prickelnd. Da ist es bei mir ja noch um einiges besser.

Mein Mann ist treu, bringt Geld heim, wir fahren gemeinsam in den Urlaub, haben Kinder und ein schönes Häuschen mit Garten.

Eigentlich hatte ich mir mein Leben so nicht gedacht. Ich wollte immer einen Mann, der mich über alles liebt. Der mir die Wünsche von den Augen abliest und mich verwöhnt. Der mich streichelt und gerne mit mir redet. Der gemeinsam mit mir die Kinder erzieht und mit dem ich in einem guten, entspannten Gefühl gemeinsam alt werden kann.

So fühlt sich's gerade nicht an – aber sich deswegen trennen? Gut, wir reden überhaupt nicht oder wenn, nur über die Kinder, über seine Kollegen, den Garten oder Besuche bei Oma oder Opa.

Ihn nervt alles, was mich betrifft. Er redet nicht und hört auch nicht zu. Er weiß nicht, wer ich bin oder was meine Vorstellungen und Wünsche vom Leben sind.

Ich bin sehr um alle bemüht. Das macht eine gute Mutter bis zur Selbstaufgabe. Aber leider bleibt einem für sich selbst dann nicht mehr viel übrig.

Die Gespräche mit den Mädels während des Laufens sind oberflächlich. Ich glaube, jede von uns dreht sich nur um sich selbst und hört den anderen nicht wirklich zu. Jede steckt in ihrem Sumpf und ist froh, dass es ihr nicht so geht wie den anderen.

Jetzt die Kinder abholen, nach Hause, kochen, Hausaufgaben, Sportverein, Streit schlichten, einkaufen, wieder Streit schlichten und trotz Regen und Wind mit dem Hund spazieren gehen, Streit schlichten.

Unser Hund, kratzt sich dauernd, ob ich wohl noch zum Tierarzt gehe? Er macht mich ganz nervös. Wir haben ihn schon seit 12 Jahren, die Kinder wollten ihn haben, aber jetzt hängt alles an mir. Spazieren gehen, bürsten, streicheln, Tierarzt, Hundetraining, füttern, einfach alles. Er sieht irgendwie ganz traurig aus. Manchmal, glaube ich, ist er der Einzige in der Familie, der mich wahrnimmt. Mitleidig schaut er zu mir und winselt leise. Ich muss lächeln. Mein Winseln hört niemand.

Mein Mann kommt heute früher nach Hause. Er will mit einigen Kumpels noch Rad fahren, die neuen Mountainbikes ausprobieren. Er steigt aus seinem Anzug und lässt ihn achtlos auf dem Boden liegen. Um neun will er zurück sein und dann noch gemütlich Fußball sehen. Ich soll das den Kindern schon mal sagen, damit es nicht wieder ein ewiges Gemecker gibt.

Die Kinder sehen fern oder spielen am Computer. Ich telefoniere mit Oma, die mir ihr Leid über Opa klagt. Nie räumt er seinen Kram weg, alles muss man ihm hinterherräumen. Er hat ihr schon seit Jahren keine Blumen geschenkt und jetzt hat er auch noch den 40. Hochzeitstag vergessen. Man lebt so nebeneinander her, furchtbar, so hatte sie es sich nie vorgestellt. Vor dem Krieg hatte sie einen Verlobten, mit dem wäre alles anders geworden. Sie weint und hängt auf.

Im Fernsehen laufen Nachrichten. Furchtbar, die Gewalt überall. Man merkt nicht mal mehr den Unterschied zwischen Krimi und Nachrichten. Die Soaps bringen die reale Welt auf den Bildschirm. Überall Intrigen, Lügereien, Neid und Missgunst. Ich fühl mich immer solidarisch mit den Gerechten und merke, wie ich mit ihnen hoffe und bange. Ich würde ihnen gerne sagen, dass sie soeben betrogen werden, ich weiß es ja als Zuschauer eher als sie selbst.
Die Grenzen zwischen meinem Leben und dem Fernsehen sind aufgehoben.
Immer kommen die Darsteller gerade dann in eine Szene, wenn es garantiert Missverständnisse geben muss. Ich würde so gerne helfen und mich einmischen.

Ich atme durch und mache mir Gedanken über mein eigenes Leben.
Wann hat die Entwicklung angefangen, die mir jetzt nicht mehr gefällt?

Wann ist das Gleis in diese Richtung gestellt worden und was kann ich jetzt noch ändern? Gibt es einen Notausgang? Lebe ich selbst eine Soap und was ist der Unterschied zum Fernsehen? Ich wäre so gerne ein Star, und ein Prinz würde mich aus all dem befreien.

Ich schimpfe mit den Kindern, sie sollen die Zähne putzen und ihre Zimmer aufräumen. Mein Gott, wie oft muss ich das noch sagen? Nichts funktioniert, sie gehen mir einfach nur auf den Wecker.

Wütend schicke ich sie in die Betten, bevor mein Mann kommt, damit Ruhe ist und man vielleicht noch einige Minuten miteinander reden kann.

Er kommt und eilt vor den Fernseher. »Ist noch ein Bier da? Bring mal bitte!«

»Übrigens, was ich mit dir besprechen möchte ...«

»Ach Schatz, ich möchte jetzt nicht reden, lass mich das Spiel anschauen, es wurde gerade angepfiffen. – Mensch, so ein Depp, guck dir den an ...!«

Ich konnte noch nie verstehen, was Männer an Fußball finden. Ich bin meistens für die Schiedsrichter oder manchmal auch für einen der Trainer. Das sind richtige Männer, die wissen, wo es langgeht und das auch sagen.

Nach der ersten Halbzeit bin ich müde und lege mich mit einem Buch ins Bett. Mein Mann kommt erst nach, als das Spiel zu Ende ist und kommentiert die Auswechslungen des Trainers und die Fehler des Schiedsrichters.

»Und bei dir, alles in Ordnung? Mein Gott, im Büro ist viel los. Was die sich einbilden. Ich muss da mal mehr Präsenz zeigen.«

Als ich anfangen möchte, über meine Probleme und die schlechte Stimmung zu sprechen, höre ich schon ein leises Schnarchen. Es verhindert, dass ich einschlafen kann, und so mache ich mir viele Gedanken über mein Leben, die mir sonst wahrscheinlich entgangen wären.

Habe ich mir mein Leben eigentlich so vorgestellt?

Und wenn das Leben ein Spiegel wäre? In jedem Moment könnte ich erkennen, was ich mir wirklich vom Leben vorgestellt habe und wie es tatsächlich geworden ist. Dieses Spiel spiele ich in meinen Gedanken für den vergangenen Tag mal durch:

Das frühe Aufstehen ist nicht mein Ding. Ich lebe nicht meinen eigenen Rhythmus. Den habe ich nach all den Jahren der Ehe vergessen. Meine Kinder sind Aspekte meiner Person. Das Mädchen steht für die weiblichen Anteile und der Junge für die männlichen.
Meine Aspekte zanken sich schon am frühen Morgen. Der männliche Aspekt ist verächtlich, der weibliche eher wehleidig. Meine Spiegel!
Ich leide und fühle mich ohnmächtig in meiner Weiblichkeit.
Meinen Mann erlebe ich als rücksichtslos.

Er spiegelt mir, wie wenig ich mich selbst wichtig und ernst nehme.

Nur wenn ich mich selbst ernst nehme, kann dies auch ein anderer Mensch tun. Wenn ich selbst Grenzen setze, werden sie von anderen eingehalten. Die anderen werden nie von sich aus Grenzen setzen und vor mir Halt machen.

Meine Familie spiegelt mir also meine eigene Unfähigkeit, Grenzen zu setzen.

Der Badezimmerspiegel zeigt mir, dass mein Körper einen neuen Weg einschlägt. Er reift und nimmt eine Form an, bei der von nun an mehr und mehr der Inhalt und nicht mehr die Verpackung zählt. Bin ich dazu bereit?

Nicht nur der schlaffe Busen, auch die Falten im Gesicht fordern mich dazu auf, mich um den Sinn meines Lebens zu kümmern. Liebe ich diesen Körper auch in dieser Form, kann ich die Veränderung begrüßen oder macht sie mir Angst? Die Falten im Gesicht sprechen Bände, wenn ich mich genau betrachte, sehe ich sehr traurig aus, schlecht gelaunt.

Hier kommen die wahren Gefühle, die in meinem Inneren brodeln, ans Tageslicht.

Sie lassen sich nicht wegschminken. Der Spiegel zeigt sie mir aufs Deutlichste.

Meine Freundinnen sind ein wahres Spiegelkabinett.

Alle meine Ängste servieren sie mir auf dem silbernen Tablett: verlassen zu werden, die Familie zerfallen zu sehen, mit einem anderen Partner meine Sexualität leben zu können, hintergangen zu werden.

Alles berichten sie mir aus ihren Lebensgeschichten, um mich auf meine gesammelten Ängste aufmerksam zu machen. Bei so vielen Spiegeln ziehe ich mich lieber hinter meine handgestrickten Fassaden zurück und spiele allen weiter meine heile Welt vor, als ob alles prima wäre.

Der ständige Streit der Kinder – was streitet sich da eigentlich in mir? Welche Aggressionen gibt es in mir, die sich auf diese Weise im Außen zeigen? Warum lebe ich meine Aggressionen nicht da aus, wo sie hingehören?

Auch die Nachrichten im Fernsehen handeln nur von Aggression und Gewalt, von Intoleranz und Zwietracht.

Wo trage ich diese Gefühle in mir? Bin ich eigentlich tolerant? Kann ich jeden Menschen lassen und lieben? Toleriere ich andere Ansichten? Toleriere ich das Männliche in meinem Leben? Sehe ich das Weibliche in meinem Leben? Kann ich andere Religionen gelten lassen?

All das spiegeln mir die Nachrichten.

Warum kommt mein Mann nach Hause, um gleich wieder wegzufahren? Was ist Fahrrad fahren? Es sind Gefühle, die da ausgelebt werden. Wegfahren, aber nicht wirklich irgendwo ankommen. Es ist eine Art Flucht. Flucht vor dem Leben, der Beziehung, dem Gespräch und der Nähe.

Würde ich selbst auch gerne flüchten? Klar, mein Mann ist mein Spiegel! Ich würde auch gerne mal einfach alles fallen lassen und ein anderer würde für mich aufräumen. Vor allem würde ich mich selbst gerne einmal fallen lassen. Aber es gibt zurzeit niemanden, der mich auffängt.

Der Hund spiegelt mir meine Gefühle. Es juckt ihn überall, er würde sicher gerne aus der Haut fahren, kratzt sich aber nur und hat einen mitleiderregenden Blick. Er ist Gefühl pur und leidet still winselnd vor sich hin.

Sind das meine Gefühle?

Das Telefonat mit Oma. In kurzer, prägnanter Weise hat sie mir ihr Leid geklagt und gleichzeitig unmissverständlich mitgeteilt, dass eine Frau so lebt.

Sie hat es so getan und erwartet von mir, dass ich es ebenso aushalte. Sie spiegelt mir deutlich, wie ich in einigen Jahren meiner eigenen Tochter die Ohren volljammern werde. Genau wie sie nie etwas geändert hat in all den Jahren, bin auch ich auf dem besten Weg, es genauso zu tun.

Das Jammern von Oma geht mir ziemlich auf den Wecker. Zumal ich ja auch den Opa lieb habe und sehe, dass er es nicht böse meint. Er ist so wie er ist. Genügsam, wortkarg, einsam und gerne auf seinem Fahrrad allein unterwegs.

Die Kinder und das ewige Gerangel um das Aufräumen. Ich habe es früher gehasst, wenn Mutter wollte, dass ich mein Zimmer, in dem es meiner Meinung nach gerade so richtig gemütlich war, in Ordnung bringen sollte. Warum verlange ich das heute – ebenso wütend – auch von meinen Kindern?

Ich könnte es nicht ertragen, wenn jetzt überraschend Besuch käme oder mein Mann die Kinderzimmer sähe. Eine gute Mutter hat die Pflicht, alles in Ordnung zu halten. Unordentliche Kinder lassen auf eine schlechte Erziehung schließen. Und ich will alles richtig machen. Wobei dieses »richtig« nicht ich selbst festlege, sondern irgendeine unbekannte Instanz. Hallo?

Die Kinder spiegeln mir, wie abhängig ich von den Bewertungen von Außen bin. Ich halte eine Kritik von Unbekannten für wichtiger als das Wohlergehen meiner Kinder. Kann das sein?

Als mein Mann vom Radfahren zurückkommt sage ich ihm nichts von meinem Wunsch zu reden. Ich bin einfach enttäuscht, dass er den Wunsch nicht kennt und sich selbst so furchtbar wichtig nimmt. Was spiegelt er mir damit?

*Er zeigt mir deutlich, dass ich meine Bedürfnisse
kundtun sollte.*

Ich muss eindeutig lernen, meine Bedürfnisse und
Wünsche mitzuteilen. Ich muss mich selbst ernst neh-
men und einen neuen Weg finden, mit mir und meinen
Aggressionen umzugehen.

*Kein Mensch in meiner Umgebung meint es böse
mit seinem Verhalten mir gegenüber. Jeder tut
sein Bestes, um mir etwas zu spiegeln, damit ich
mich besser kennenlerne.*

Die Spiegel des heutigen Tages waren ausgesprochen
hilfreich. Warum bin ich nicht schon eher auf diese Idee
gekommen, mein Leben als Spiegel zu betrachten?

Ab morgen früh verändere ich meine Haltung, weil mir
das Spiegelbild des aktuellen Lebens nicht gefällt.

*Will ich das Spiegelbild verändern, muss ich mich
selbst verändern.*

Mal sehen, wie es sich in die Tat umsetzen lässt.

Ich gebe meinem schnarchenden Spiegel einen Kuss,
und schlafe lächelnd ein.

Das Energiefeld des Menschen, die Aura

Mein Körper ist eine langsame Schwingungsform, die das ausdrückt, was im energetischen Bauplan vorliegt.

Aufbau und Aufgabe

Der Mensch ist ein Energiewesen und setzt sich aus einer Vielzahl von Schwingungsfrequenzen zusammen. Die langsamste Schwingungsfrequenz bildet den materiellen Körper.

Sobald die Energie den Körper verlässt, verliert er sein Leben und alles, was seine Persönlichkeit ausmacht. Der Körper zerfällt und wird in kurzer Zeit zu einer Bedrohung für die Umwelt. Bereits nach kurzer Zeit sind die menschlichen Überreste Herde für Bakterien und Ungeziefer.

Das den Körper umgebende Energiefeld (Aura) gibt dem Körper seine Lebensenergie und die individuelle Form. Über die Schwingungen der Aura steht der Körper ständig in Verbindung zur geistigen Welt. Im Schlaf verlässt die Aura den materiellen Körper weitestgehend und versorgt sich mit neuer Kraft und Information aus anderen Dimensionen unserer Schöpfung.

Als Mensch sind Sie ein Wesen aus Energie.

Diese Energie schwingt in verschiedenen Umlaufbahnen und Geschwindigkeiten um Ihren Körper herum und durch Ihren Körper hindurch. Sie bildet ein Energiefeld, das Ihren Körper mit Leben und Bewusstsein versorgt und ihn mit seiner Umgebung, mit den Mitmenschen und mit den natürlichen Abläufen des Lebens verbindet.

Die Aura ist die energetische Vorlage, der Bauplan, nach der Ihr individueller, materieller Körper gestaltet ist. Die Kraft dieser Aura ist ursächlich für Ihre gesamte Lebensgestaltung.

In der Aura sind alle Informationen vorhanden, die Sie benötigen, um auf der Erde zu überleben, Ihren Körper intakt zu halten und durch Interaktion mit anderen Menschen Ihre Lebensaufgaben und Ihren Sinn zu erfüllen.

Die Kraft der Aura prägt Ihre Stellung im Leben, Ihre sozialen Kontakte, Ihren Erfolg im Beruf, Ihre Beziehung zu Geld, Ihr Ansehen, Ihren Einfluss, Ihre Macht, Ihre Ausstrahlung.

Die Kraft Ihres Energiefeldes zeigt sich in Ihrem Aussehen, im harmonischen Zusammenleben in Ihrer Familie, in Ihrer Gesundheit, Ihrem beruflichen Erfolg, in Ihren Finanzen, in Ihrer sozialen Stellung, in Ihrem Verständnis für die Zusammenhänge und für den Sinn Ihres Lebens.

Die Kraft Ihrer Aura ist zum Beispiel auch entscheidend dafür, ob Sie selbstständig oder in einem Arbeitsverhältnis beschäftigt sind.

Sie ist entscheidend für die Größe Ihrer eigenen Firma und den Erfolg Ihrer Geschäftstätigkeit. Die Umsatzzahlen und betriebswirtschaftlichen Kennziffern sind nur die Symptome der Kraft Ihres Energiefeldes.

Diese Kraft ist des Weiteren entscheidend dafür, ob in Ihrer Firma ein gutes oder schlechtes Arbeitsklima herrscht. Mobbing, Diebstahl, Unterschlagung, Misswirtschaft, Schuldzuweisungen und dergleichen sind nur die Symptome der Kraft Ihres Energiefeldes.

Gleiches gilt für Ihre Schule, Ihre Behörde, Ihren Verein, Ihre Familie, Ihre sonstigen Lebensbereiche. Der Erfolg einer jeden Gemeinschaft entspricht der Kraft des Energiefeldes dieser Gruppe. Der gewählte Chef, Vorstand oder Leiter der Gruppe entspricht ebenfalls genau der Kraft des Gruppenenergiefeldes. Diese dynamischen Prozesse der Energiefelder wirken fortwährend. Wer sie versteht, kann damit arbeiten, wer sie nicht kennt, hält die Ergebnisse für Zufall.

Über die sichtbaren Ergebnisse des Lebensalltags können sowohl die Kraft als auch die Blockaden und Störungen des jeweiligen Energiefeldes abgelesen werden. Üblicherweise beschränkt sich der Umgang mit den Ergebnissen darauf, die Symptome zu beobachten und zu verändern. Dies ist langwierig, aufwendig und wenig erfolgreich.

Aus der Beschäftigung mit der gestaltenden Kraft der Energiefelder ergeben sich Möglichkeiten zur Bearbeitung der Ursachen. Die logische Folge daraus ist, dass sich die Ergebnisse und Symptome ganz von selbst verändern.

Wenn nachstehend aufgeführt wird, wie Sie Ihr Energiefeld verstehen und bearbeiten können, gilt dies entsprechend für das Energiefeld der Gruppe, die Sie leiten.

Die Kraft Ihrer Aura können Sie aufbauen und stärken. Ihre Ausstrahlung und Lebensführung ändert sich entsprechend. Wenn Sie dagegen nur an der Vermeidung von materiellen Symptomen arbeiten, ist die zugrunde liegende Aura-Thematik ungeklärt und es treten immer wieder ähnliche Symptome auf der materiellen Ebene auf.

Da jeder Mensch eine Wesenheit aus Körper und Aura ist, schwingt sein Energiefeld mit den Energiefeldern der anderen Menschen immerzu ineinander. Die Felder durchdringen sich gegenseitig und nehmen sich dabei wahr.

Sie nehmen sich selbst und alle anderen Menschen also als Erstes über Ihr eigenes Energiefeld wahr! Wenn Sie einem anderen Menschen begegnen, schwingen bereits von Weitem die beiderseitigen Auren ineinander. Hierdurch erhalten Sie sehr genaue und unverfälschte Informationen über das Wesen Ihrer Mitmenschen. Ihre Aura nimmt das Wesen der anderen Menschen wahr und registriert Resonanzen zwischen Ihrem eigenen Energiefeld und dem der anderen.

Diese Resonanzen sind unverfälscht und für Ihr Unterbewusstsein sehr aussagekräftig.

Für die Beeinflussung der materiellen Sinne gibt es hingegen zahlreiche Anleitungen und Trainingsmaßnahmen. Sie können sich durch Kleidung, Make-up und Parfüm in ein günstiges Licht rücken, also etwas aus sich machen. Durch Kommunikationstraining und psychologische Fortbildungen ist es möglich, sich für die Bewerbung auf eine Arbeitsstelle, für eine geschäftliche Besprechung oder um seine Traumfrau kennenzulernen auf den Punkt topfit zu machen.

Für die Wahrnehmungen der Aura sind diese oberflächlichen Präsentationsmethoden jedoch unmaßgeblich.

Ihren energetisch nicht ausgebildeten Gesprächspartner können Sie damit überzeugen, auf der Ebene des Energiefeldes ist dies dagegen völlig wirkungslos.

Nicht selten bemerken Sie im Alltagsleben, dass Sie sich blenden ließen, dass der Andere nicht das halten kann, was er zu versprechen schien.

Hätten Sie die Wirkungsweise der Energiefelder gekannt, als Sie Ihren Geschäftsführer auswählten, hätten Sie einen Bewerber genommen, der harmonischere Resonanzen zu Ihnen selbst, zur Philosophie des Unternehmens und zum Mitarbeiterkreis gehabt hätte – so hätten Sie den Hang zur Selbstdarstellung bemerkt und das fehlende Interesse an der Entwicklung des Unternehmens in seiner Gesamtheit registriert.

Sie hätten bei der Besprechung mit der Lehrerin Ihres Sohnes die Resonanzen wahrnehmen und feststellen können, dass sie Ihnen wohlgesonnen ist, obwohl die Strenge ihres Äußeren dagegen sprach. Sie hätten dann nicht in den Kampf gehen müssen sondern sich auf eine gemeinsame Linie zum Wohle Ihres Sohnes verständigen können.

Wenn Sie die Resonanzen der Energiefelder kennen würden, könnten Sie als Verkäuferin das Wesen jeder Kundin spüren, die Ihren Laden betritt. Sie könnten die verschiedenen Kundinnen wesensgerecht beraten. Sie würden also die inneren Wünsche und Sehnsüchte Ihrer Kundinnen ansprechen können und sie als Mensch anstatt als Umsatzobjekt wahrnehmen. Dies ist in unserer Zeit ein sehr wichtiger Faktor für Verkaufserfolge. Zufriedene Kunden sind solche, die sich als Mensch geachtet und wahrgenommen fühlen.
Betriebswirtschaftliche und verkaufspsychologische Schulungen gehören oftmals schon zum Ausbildungs-

standard einer Verkäuferin. Haben Sie dadurch jedoch Ihr eigenes Wesen kennengelernt? Können Sie das Wesen Ihrer Kundin oder Ihres Kunden ansprechen?

Als Angehöriger eines Heilberufes könnten Sie die Ursache der Symptomatik wahrnehmen, die Ihnen Ihr Patient schildert. Bisher werten Sie Analysen aus, die die Abweichungen von Werten gegenüber der Norm zeigen. Weshalb diese Abweichungen auftreten, wird daraus nicht deutlich. Wenn Sie die Resonanzen wahrnehmen könnten, die jeder einzelne Patient mitbringt, könnten Sie ihn wesensgemäß behandeln.

Als Ehemann oder Ehefrau könnten Sie das Wesen Ihrer Partnerin oder Ihres Partners verstehen und die unterschiedlichen Sichtweisen zur Erweiterung Ihres Verständnisses von der Welt nutzen.

Ihre Partnerin oder Ihr Partner ist energetisch betrachtet Ihr intensivster Lehrer und zeigt Ihnen klarer als jeder andere Mensch die Blockaden und Strukturen in Ihrer Aura. Grenzen Sie sich nicht voneinander ab, sondern lernen Sie, sich zu verstehen und miteinander zu wachsen!

Gerade in der Partnerschaft ist es hilfreich, die Wirkungsweise der Energiefelder zu kennen. Wenn Sie nur die Ergebnisse oder Symptome betrachten, werden Sie schnell unglücklich und verzagen aufgrund ihrer Vielzahl und Kompliziertheit.

Es gibt aus allen Lebens- und Arbeitsbereichen Beispiele für die unzähligen Möglichkeiten, die sich aus dem Wissen um die Funktionsweise der menschlichen Aura ergeben. Sie erreichen durch deren Beachtung eine herzliche und authentische Präsenz, die auf Ihre Mitmenschen ausstrahlt und von diesen sehr geschätzt wird.

Die Aura entspricht Ihrem Bewusstsein

Ich kann alle Möglichkeiten nutzen, die Spielregeln des Lebens zu verstehen, um ein leichtes Leben zu leben.

Ihre Aura entspricht Ihrem Bewusstsein. Alles, was Ihnen begegnet, können Sie nur deshalb erleben, weil Sie ein Energiefeld haben. Ihr Energiefeld geht in Schwingung zu anderen Energiefeldern, dadurch entsteht Ihre Wahrnehmung. Sie können dabei nur das wahrnehmen, was in Ihrem Schwingungsfeld bereits vorhanden ist, was also in Resonanz zu einer fremden Schwingung treten kann.

Solche Erfahrungen kennen Sie aus dem Alltag. Sie regen sich über einen bestimmten Menschen mit einer speziellen Eigenart heftig auf, obwohl er Ihnen nichts getan hat. Sie lassen sich von männlichen oder weiblichen Verhaltensweisen negativ berühren, ohne dies zu hinterfragen. Sie halten grundsätzlich nichts von Fußball, obwohl Sie sich noch nie näher damit beschäftigt haben. Auf diese Weise werden durch Ihre Mitmenschen permanent Resonanzen in Ihrer Aura ausgelöst.

Diese Resonanzen machen Sie zum Spielball energetischer Abläufe, solange Sie diese nicht erkennen und verstehen.

Bei jeder Wahrnehmung der Aura werden Sie in Sorge, Angst oder Wut versetzt oder Sie werden traurig oder melancholisch.

Jede Art von Emotion ist eine Resonanz auf die Energie in Ihrer Umgebung.

Der Kollege, der aufs Stichwort immer genau die gleiche Geschichte erzählt, der Lehrer, der sich von seinen Schülern zu einem vorhersehbaren Wutausbruch verleiten lässt, die Mutter mit ihren stetigen Angstthemen, der Chef, der auf kurze, schwarze Röckchen anspringt, der Nachbar, der sich betrinkt, wenn der HSV verloren hat – sie alle sind nicht wirklich souveräne Gestalter ihres Lebens. Sie lassen sich fremdbestimmen und leicht in die Irre führen.

Das Wissen von der Existenz und Wirkungsweise der Energiefelder steht jedem Menschen zur Verfügung. Jeder kann zu diesem Wissen Zugang erlangen. In früheren Zeiten war den Menschen das Wissen um diese Energien selbstverständlich. Der moderne, wissenschaftlich orientierte Mensch hat sich allerdings von dem ganzheitlichen Wahrnehmen entfernt und zu einem Wesen entwickelt, das ganz in die Tiefen der materiellen Welt abgetaucht ist und die Existenz von Energiefeldern negiert.

Es ist nicht verwunderlich, dass die Menschen heute als einzige Lebensorientierung Zahlen, Daten, Fakten und wissenschaftliche Erkenntnisse akzeptieren. Was hier nicht hineinpasst, wird als Zufall, Unfall oder wissenschaftlich noch nicht erforschter Sachverhalt eingestuft. Die Menschen haben alle Mühe, ihre »unterschwelligen oder unbewussten« Empfindungen unter Kontrolle zu halten, um sich als rationaler Mensch präsentieren zu können. Wer seine Empfindungen oder Wahrnehmungen beachtet und sie als Lebensmaßstab nutzt, wird oft als weltfremd oder esoterisch bezeichnet.

Sind Mütter, wenn sie instinktiv spüren, dass der Säugling Nahrung oder Zuwendung benötigt, weltfremd oder esoterisch? Sind Naturvölker weltfremd oder esoterisch, wenn sie ein drohendes Umweltereignis erahnen und sich rechtzeitig in Sicherheit bringen?

Der Mensch ist ein wunderbares symbiotisches Geschöpf in einem genialen Spiel von Bewusstsein und Materie. Es ist faszinierend und wird Sie in einen Glückszustand versetzen, wenn Sie diesen Zugang zum Leben für sich neu entdecken.

Darüber hinaus können sich daraus auch beruflich wirkungsvolle Wettbewerbsvorteile ergeben – egal, in welcher Berufsgruppe Sie tätig sind. Wer die Wirkungsweise der Energiefelder wahrnimmt und die Zusammenhänge von Ursachen und Symptomen kennt, kann jede Arbeits- oder Therapiemethode optimieren und sich dadurch einen konkreten Vorteil in dem immer heftiger werdenden Konkurrenzkampf sichern.

Die Funktionsweise der Aura

Die Aura bildet ein Schwingungsfeld aus Erd- und kosmischer Energie, das in einem drei-sekündlichen Rhythmus von Ihrem Herzzentrum zur Peripherie und zurück zum Herzzentrum schwingt. Die Größe der Aura kann bis zu neun Meter in alle Richtungen betragen, gemessen vom Herzmittelpunkt bis zur Peripherie.

Beim Durchschwingen des Energiefeldes vom Zentrum des Herzens zur Peripherie nimmt Ihre Aura energetisch einen Eindruck der Umgebung auf und speichert ihn, ähnlich einem Foto, in Ihrem Energiefeld ab. So entwickelt sich im Laufe Ihres Lebens Ihre Aura zu einem riesigen Wissensspeicher.

Alle Erlebnisse, Erfahrungen und Begegnungen Ihres Lebens und die damit verbundenen Gefühle sind dort in Drei-Sekunden-Bildern aufgezeichnet.
Auf diese Weise ist in Ihrer Aura, wie in einem großen Buch, Ihr ganzes Leben festgehalten.

Ist Ihr Energiefeld im Fluss, sind Sie mit Ihrer Umgebung im Einklang.
Kommt es jedoch zu Ärger bringenden, belastenden, Angst machenden Begegnungen mit anderen Menschen, bilden sich Strukturen im Energiefeld, die einen Teil Ihrer fließenden Energie binden.

Dies ist ein grundlegender Vorgang des menschlichen Lebens, der Entwicklung ermöglicht und den Sie sehr bewusst für Ihre eigene Entwicklung nutzen können.

Im Laufe Ihres Lebens haben Sie unzählige belastende, ärgerliche, Angst machende Erlebnisse, die sich in Ihrer Aura abspeichern. In meinem Buch *Heilenergetik* sind diese Vorgänge detailliert beschrieben.
Ereignisse, die Sie unter Druck setzen, Sie persönlich wertlos erscheinen lassen, Ihre eigene Unfähigkeit offenlegen, Sie vor anderen bloßstellen, bei denen Sie sich schämen und sich am liebsten im Boden verkriechen

würden, erzeugen in Ihnen ein Gefühl der Ohnmacht. In solchen Situationen bekommen Sie vielleicht einen hochroten Kopf und es wird Ihnen übel, Sie verspüren einen Druck auf den Ohren, der die Geräusche Ihrer Umgebung dämpft oder Sie sehen Ihr Umfeld wie durch eine milchig trübe Glasscheibe.

Dies ist die typische Wahrnehmung im Zustand der energetischen Ohnmacht. Ihre persönliche Integrität wird durch ein Ereignis oder eine Begegnung so stark angegriffen, dass Ihr Energiefeld zu einer Schutzmaßnahme greifen muss, um Sie vor einem Zusammenbruch zu bewahren. Dies führt zum Rückzug und zur Abschottung nach außen. Der starke Energieabfall wird dadurch vorübergehend gestoppt.

Um das belastende Ereignis nicht lebenslang Tag für Tag präsent haben zu müssen, kapselt die Aura den Vorgang ab und verschließt ihn mitsamt der damit zusammenhängenden Energie in einer Struktur im Energiefeld.

Situationen gleicher Ursache fügen sich zusammen und bilden mit der Zeit immer stärker werdende Gebilde, in denen mehr und mehr Energie gebunden ist. Diese gebundene Energie steht für den Aufbau eines gesunden Körpers und einer erfolgreichen Interaktion mit Ihrer Umwelt nicht mehr zur Verfügung.

Durch solche Energieblockaden entstehen Krankheiten, Unfälle, Trennungen, finanzielle Verluste, Streit, Mobbing usw.

Solch einschränkende Erfahrungen sind nichts weiter als die Resonanz im Außen auf die Blockade in Ihrem Energiefeld.

Die oben beschriebene Ohnmacht ist eine der vielen energetischen Blockaden und Strukturen, die sich im Laufe des Lebens in der Aura jedes Menschen bilden. Weitere negative energetische Strukturen bestehen aus Ängsten, Lügen, Dünkel-Selbstmitleid-Kombinationen sowie Löchern aus Pflicht, Sorge und Schuld. Auch in diesen Strukturen ist die mit den belastenden Ereignissen in Verbindung stehende Energie eingekapselt. Mit den Jahren gliedern sich nach und nach immer mehr gleichartige Ereignisse an und es wird freie Energie abgekapselt.

Sie können sich vorstellen, wie hoch die Energie sein kann, die in einer belastenden Situation präsent ist und weggepackt wird. Die Angst des Opfers einer Geiselnahme kann so hoch sein, dass nach der Befreiung eine jahrelange Therapie nötig ist, um dem Menschen wieder ein normales Leben zu ermöglichen. Eine Lüge kann derart viel Energie durch verschleiernde Maßnahmen binden, dass die einstmals vorhandene Leichtigkeit des Lebens völlig verschwunden ist.

Die Möglichkeiten der Heilenergetik können die herkömmlichen Therapien wesentlich bereichern, da hierbei direkt mit den Energieblockaden gearbeitet werden kann, ohne Umwege über physische oder psychische Methoden zu machen.

Es müssen jedoch nicht immer die schlimmsten Ereignisse sein, die große Mengen frei fließender Energie binden. Die strenge Mutter, die das Kind, den Heranwachsenden und später den erwachsenen Sohn gängelt und überwacht, kann die Ursache für eine Energieabkapselung sein, die nach und nach immer umfangreicher wird. Dies kann zu einer Psychose führen, in der die abgekapselte Energie eine Scheinwirklichkeit oder Traumwelt entstehen lässt, in die sich der Sohn dann immer mehr zurückzieht. Aus einer derartigen Situation kann sich in besonders gelagerten Fällen ein Energieausbruch ergeben, den das Umfeld als Amoklauf bezeichnet.

Meistens sind es die banalen Alltagsaktivitäten, die sich dann in einer Vielzahl von energetischen Strukturen irgendwann bemerkbar machen. Energetische Blockaden und Strukturen bilden sich bereits in den frühesten Jahren der Kindheit.

Die Erfahrung des Babys nach der Geburt, als es plötzlich nicht mehr die Geborgenheit des Mutterleibes fühlte, sondern die Kälte und Einsamkeit des Lebens spürte, bildet eines der ersten Mangelgefühle. Es ist ein Gefühl des Alleinseins und der Ohnmacht, seine Bedürfnisse nicht selbst befriedigen zu können. Es erzeugt die Notwendigkeit, für seine Ansprüche zu kämpfen, sich durch Schreien bemerkbar zu machen.

Der neugeborene Mensch fühlt sich aus dem »Paradies« verstoßen, denn sonst müsste er nicht für die Befriedigung seiner Grundbedürfnisse kämpfen. Es entsteht ein massives Angstgefühl, denn es wäre lebensbedrohlich, nicht gehört zu werden. Später entwickelt sich daraus ein Lügenkonstrukt, denn es zeigt sich, dass man durch Schreien Aufmerksamkeit erwecken kann, ohne tatsächlich Hunger zu haben.

Solche Dinge sind Grundthemen des irdischen Lebens.

Für den neugeborenen Menschen, der aus der Fülle des Universums kommt, entstehen dadurch die Spannungsfelder, die ihm seine Erfahrungen in der materiellen Welt ermöglichen.

Diese Erkenntnisse machen zu können, ist der Grund für die Entscheidung jedes Wesens, ein Erdenleben absolvieren zu wollen.

Jede Erfahrung, jede Begegnung, jedes Erlebnis setzt energetische Wechselwirkungen in Gang. Die gestaltende Kraft des Energiefeldes kreiert die Erlebnisse aus den in der Aura vorhandenen Potenzialen. Die Erlebnisse selbst wirken wieder auf den Menschen zurück, der sie bewertet und seine Gefühle damit in Verbindung setzt. Die Erlebnisse werden mitsamt der mit ihnen zusammenhängenden Energie abgekapselt und finden in die nächste Kreation von Erlebnissen Eingang. Somit entsteht ein immerwährender Kreislauf, der die Tendenz hat, die jeweils aktuellen Gefühle zu verstärken.

Dieser Kreislauf bleibt so lange bestehen, bis ein Erlebnis als so stark empfunden wird, dass das Bewusstsein sich darum kümmern und eine Lösung gefunden werden muss.

Solange die Ereignisse, Erlebnisse und Begegnungen nicht bewusst bearbeitet werden, führen sie zu allen möglichen körperlichen und seelischen Einschränkungen, wie Stress, Schlaflosigkeit, Allergien oder Gefühlen von Angst und Einsamkeit aber auch zu Glaubenssätzen und Meinungen, die wiederum die folgenden Bilder der Realität beeinflussen.

Da dem Menschen diese Zusammenhänge hinsichtlich seines Energiefeldes nicht bewusst sind, kann er sie auch nicht durchschauen und somit aktiv dagegen vorgehen.
Stattdessen werden Entspannungstechniken angewendet, Vermeidungsstrategien entwickelt oder mit Medikamenten die Symptome betäubt.

Die gestaltende Kraft der Aura

Alles was ist, ist Energie.

Das Energiefeld gestaltet alle Erlebnisse, Erfahrungen und Begegnungen im Leben des Menschen. Hierdurch hat er die Möglichkeit, sich selbst wahrnehmen und damit entwickeln zu können. Die Blockaden und Strukturen in seiner Aura, die den Menschen einzigartig machen, gestalten sein Leben entsprechend individuell.

Sie sehen in Ihrem Lebensumfeld, in Ihren Erlebnissen, Erfahrungen und Begegnungen, welche Kraft Ihr Energiefeld hat und welche Blockaden und Strukturen wirken. Was Sie erleben, ist Ihr Lebensfilm, für den Sie selbst das Drehbuch geschrieben und die Kamera geführt haben.

Betrachten Sie Ihr Umfeld. Es ist das Ergebnis aller Handlungen und Entscheidungen, die Sie zuvor irgendwann in Ihrem Leben getroffen haben.

Gehen Ihre Pläne und Wünsche in Erfüllung oder weichen die Ergebnisse Ihrer Bestrebungen häufig stark von den erhofften Resultaten ab?

Wäre Ihr Energiefeld stark, klar und ungestört, würden sich Ihre Wünsche sofort und inhaltlich perfekt verwirklichen. Doch leider wird das Energiefeld im Laufe des Lebens durch Blockaden und Strukturen geschwächt und gestört.

Solche Schwächungen und Störungen sind die bekannten energetischen Ohnmachten, Ängste, Lügen, Energieverluste, Löcher von Pflicht, Sorge oder Schuld, Dünkel, Glaubenssätze, Weltbilder usw.

Beispiel:

Sie stehen nachts auf dem Marktplatz mit einem Scheinwerfer in der Hand und möchten den Bankautomaten auf der gegenüberliegenden Seite beleuchten, um viel Geld in Ihrem Leben zu materialisieren. Schauen Sie zunächst, wie Ihr Scheinwerfer beschaffen ist.

Mit 100 Watt Lichtstärke reicht die Leuchtkraft nicht bis zur anderen Seite. Es gibt jedoch Möglichkeiten, die Energie zu stärken.

Ist Ihr Scheinwerfer stark verschmutzt, nützen auch 3000 Watt nichts, die Leuchtkraft ist ebenfalls nicht stark genug. Es gibt Möglichkeiten, die Verschmutzung, also die störenden Strukturen, zu beseitigen, sodass das Licht kräftiger strahlen kann.

Haben Sie eine Streulinse auf Ihrem Scheinwerfer oder einen Reflektor, der das Licht ablenkt? Dann leuchtet in diesem Fall der Bankautomat nur diffus oder bleibt im Dunkeln, während der Abfallkorb neben dem Bankautomaten in hellem Licht erstrahlt.

Die weit verbreiteten Anleitungen zum Wünschen – seien es Bücher, Wunschbrunnen oder Ratgeber aller Art – würden Ihnen in blumigen Worten sagen, dass Sie nur einen Scheinwerfer nehmen und diesen auf die gegenüberliegende Straßenseite auf den Bankautomaten richten müssten, und schon ginge Ihr Wunsch in Erfüllung. Sicher haben Sie meist nur altes Papier oder die Reste eines Apfels anstatt des vielen Geldes bekommen.

Ihr Wunsch mag noch so klar und stark in Ihnen vorhanden sein – wenn seine Energie von den Blockaden oder Strukturen in Ihrer Aura abgelenkt wird, kann er sich nicht materialisieren.

Sie können sowohl an der Kraft Ihres Energiefeldes als auch seiner Klarheit und Reinheit arbeiten. Die Energie wird Ihnen dann sofort zur Verfügung stehen, und das Ergebnis werden Sie an den Veränderungen in Ihrem Umfeld wahrnehmen können.

Die Gefühle

*Meine Emotionen und
meine Gefühle sind die
Verbindung von Geist
und Körper.*

Wir rekapitulieren: Im Zusammenleben mit anderen Menschen entstehen Blockaden und Strukturen im Energiefeld. Bei jedem Durchschwingen von ihrer Mitte zur Peripherie im Drei-Sekunden-Takt erstellt die Aura einen energetischen Abdruck in ihrem Schwingungsfeld. Auf diese Weise wird das gesamte Leben mit all seinen Erfahrungen, Begegnungen und energetischen Unstimmigkeiten gespeichert.

Wie erfährt nun der materielle Körper von all dem, was energetisch um ihn herum vorgeht?
Dieses Bindeglied stellen die Gefühle dar.

Sie sind von morgens bis abends mit Ihren Gefühlen beschäftigt. Ohne Gefühle können Sie weder denken noch handeln. Sie erleben sich selbst und Ihre Umgebung über Ihre Gefühle. Sie reagieren auf die Menschen in Ihrer Umgebung mit Gefühlen. Sie fühlen rund um die Uhr und es ist Ihnen so selbstverständlich, dass Sie es nicht mehr wahrnehmen.

Der moderne Mensch ist davon überzeugt, dass das rationale Denken den Gefühlen vorzuziehen sei. Er drängt diese deshalb in den unbewussten Bereich seines Energiefeldes und kapselt sie dort ab.
Die Orientierung weg von den Gefühlen hin zum Verstand ist ein Vorgang, der dem Menschen nicht wesensgerecht ist.

Es ist wichtig, einen neuen Weg zu finden, die Gefühle in das Leben bewusst zu integrieren, anstatt sie als hinderliche oder auch peinliche Barrieren zu erleben.

Gefühle bestimmen sämtliche menschliche Aktivitäten und Entscheidungen. Sie sind individuell und wohl deshalb in der heutigen Welt verpönt.

Was Sie fühlen, fühlt kein anderer Mensch in der gleichen Richtung und Intensität.

Gefühle nehmen wahr und vergleichen die Wahrnehmung mit gemachten Erfahrungen. Sie führen zu Aktionen oder Reaktionen.

Heutzutage werden Gefühle schnell verdrängt und beiseitegeschoben. Sie dürfen nicht tiefgehen und man sollte sich nicht festlegen müssen. Man darf kurz verliebt sein, enttäuscht sein, verärgert sein, sich überschwänglich über einen Sieg freuen oder über eine Niederlage stocksauer sein, man darf Freunde mögen und Feinde hassen. Alles was darüber hinausgeht, ist unerwünscht.

Hierzu gehören Ängste, Schuldgefühle, Scham, Gefühle von Ethik, Anstand, Moral sowie Gewissensbisse. Solche Gefühle sind ungebetene Gäste, die Sie Ihre vermeintliche Sicherheit verlieren lassen. Sie meinen, Sie hätten ohne Gefühl Ihr Leben gut unter Kontrolle. Tatsächlich haben besonders die verdrängten Gefühle Sie stärker im Griff, als Sie wahrhaben wollen.

Die Menschen merken nicht, dass sie immer mit Gefühlen leben und dass das Alltagsleben ohne sie nicht funktioniert. Selbst die coolste Abgeklärtheit ist eine Empfindung, wie könnte man sie sonst als solche fühlen?

Es ist nicht immer einfach, Gefühle zu unterdrücken. Häufig benötigt der Mensch hierzu Alkohol, Tabletten, Rauschgift oder Psychopharmaka.

Wesentlich erfolgreicher für die persönliche Entwicklung ist das bewusste Zulassen und Verstehen der eigenen Gefühle. Sie sind als Mensch ein Wesen, das auf der Erde lebt, um insbesondere seine Gefühle zu erleben und den Umgang mit ihnen zu erlernen.

Deshalb sollten Sie den Wert der Gefühle erkennen und sie nicht unterdrücken oder betäuben.

Gefühle sind Ihnen als zivilisiertem Menschen fremd und unangenehm. Sie suchen sich spezielle Möglichkeiten, die weggesteckten Gefühle kontrolliert zu erleben: in sportlichen Höchstleistungen und Events. Männer schwelgen im Siegestaumel, wenn ihre Fußballmannschaft oder der Lieblingsrennfahrer gewonnen hat. Frauen schmachten bei romantischen Liebesfilmen.

Erwünscht und geradezu gefordert sind Gefühle gegenüber dem Partner, den Kindern oder den Eltern. Die Gefühle, die dann auftreten, sind aber nicht immer die Gefühle, die Sie sich in dieser persönlichen Beziehung gewünscht haben. Die Partner und Kinder regen in Ihnen Gefühle an, die Sie vielleicht lange Zeit verborgen haben. Das Ganze ist also für Sie nicht steuerbar.

Die Folgen davon sind, dass der Partner sich nicht geliebt, die Kinder sich nicht angenommen fühlen und die Eltern keine Verbindung zu den Kindern spüren.

Die dann aufkommenden Gefühle des Ungeliebtseins, der Verlassenheit, des Nichtgenügens sind stark und schmerzhaft. Sie öffnen die abgekapselte Gefühlsstruktur im Energiefeld, in der all die Gefühle des Ungeliebtseins seit der Geburt gespeichert wurden.

Das wollen die Menschen nicht aushalten und auch nicht hinterfragen. Sie trennen sich deshalb von ihrem Partner oder brechen die Beziehung zu den Eltern ab.

Kinder zeigen auffällige Verhaltensweisen, ziehen sich zu Computerspielen zurück und leben ihre Gefühle in der virtuellen Welt.

Ein probates Mittel, Gefühlsbeziehungen aufzubauen ist die Anschaffung eines Haustieres. Energetisch gesehen stehen insbesondere Hunde für die Gefühlswelt ihres Besitzers und drücken durch ihre Verhaltensweise die Gefühle ihres Besitzers aus. Dem Tier kann man seine Zuwendung geben, ohne abgelehnt zu werden. Das Tier ist aufmerksam, geduldig, »hört zu«, reagiert nicht ablehnend oder verärgert. Die lebenslang so oft abgewiesenen Gefühle können beim Haustier risikolos gelebt werden.

Gefühle und Emotionen

Alle bisher in meinem Leben gemachten Erfahrungen drücken sich in Emotionen aus.

Jeder Mensch hat ein eigenes Schema an Gefühlen und Reaktionen in der Kindheit gelernt und damit die Basis für sein individuelles Leben geschaffen. Er hat während seines gesamten Lebens Energien in seiner Aura abgekapselt und als Emotion gespeichert.

Emotionen sind Empfindungen aus der Kindheit und der nachfolgenden Entwicklung bis heute.

Gefühle beschreiben dagegen den aktuellen Moment.

Wenn Sie jetzt, in diesem Augenblick, etwas fühlen, greifen Sie auf Emotionen der Vergangenheit zurück. Egal, was Sie tun, wie Sie leben und wer Sie sind – Ihre Emotionen und Gefühle sind individuell und nur für Sie persönlich vorhanden. Sie gehören in Ihre eigene, von Ihnen selbst erschaffene Realität.

Die Gefühle hinsichtlich Vorgängen und Erlebnissen sind bei jedem Menschen anders – je nachdem, wie die individuellen Erfahrungen aussehen und je nachdem, welche Emotionen der Vergangenheit mit dem Ereignis verbunden sind. Ihre gesamte Welt ist auf diese Weise individuell.

Abhängig davon, wie Sie von Ihrer Umgebung gelernt haben, auf Dinge und Umstände zu reagieren, zieht sich ein individuelles Muster durch Ihr persönliches Leben.

Jedes Ereignis speichern Sie mit den dazugehörenden Gefühlen ab und schaffen sich Ihre einzigartige Welt von Emotionen.

Wenn Sie bewusst damit umgehen, können Sie Ihre Erfahrungs- und Gefühlswelt zum Lernen und zur Entwicklung nutzen. Sie bekommen dadurch einen zentralen Zugang zu Ihrem Leben.

Die Arten der Gefühle

Das Verständnis für meine Gefühle eröffnet mir eine neue Welt.

Um die Wirkungsweise des Energiefeldes zu verstehen, ist es wichtig, die verschiedenen Arten der Gefühle kennenzulernen. Die Basis- und Primärgefühle sind ursprünglich und werden dem Gruppenenergiefeld »Mensch« zugeordnet.

Die Sekundärgefühle sind dagegen individuell und bei jedem Menschen völlig einzigartig. Sie sind maßgeblich dafür, welche Blockaden und Strukturen sich in der Aura bilden und welche Lebensszenarien sich daraus entwickeln.

Nachfolgend werden zum besseren Verständnis einige Sequenzen aus dem Buch *Heilenergetik* aufgeführt.

Die Basisgefühle

Ihre Basisgefühle, die Ihre körperliche Grundversorgung betreffen, begleiten Sie von Geburt an durch Ihr Leben.

Hunger, Durst, Angst und Müdigkeit sind Basisgefühle, die Ihnen im Alltag immer wieder begegnen. Sie spüren diese Gefühle zeit Ihres Lebens und nehmen sie als selbstverständlich hin. Sie nehmen diese Empfindungen der Basisgefühle nicht bewusst als Gefühl wahr. Sie existieren auf einer unbewussten Ebene und steuern Ihre gesamten körperlichen Lebensabläufe.

Die Gefühle von Vertrauen, Freude und Liebe, das Empfinden von Ruhe, Nähe, Zuneigung, Einheit oder Wohlbehagen bedeuten Energiefluss und gehören ebenfalls in die Kategorie der Basisgefühle und in den Pool des Unbewussten.

Die Basisgefühle gehören zum *Unbewusstsein*. Ich spreche an dieser Stelle nicht von *Unter*bewusstsein sondern von *Un*bewusstsein und meine damit: unbewusst sein im Sinne von »alles läuft wie von selbst«.

Diese Gefühle des *Unbewusstseins* sind bedeutend für den reibungslosen Ablauf des Lebens und haben damit eine wichtige Qualität, die Ihnen ein Lebensgrundgefühl vermittelt.

Im Unbewusstsein laufen die Verhaltens- und Handlungsweisen ab, in die der Mensch nicht bewusst eingreifen kann oder soll. Unbewusstsein ist der grundlegende Idealzustand, in dem die Lebensvorgänge im ungebremsten Fluss ablaufen. In den Bereich des Unbewusstseins gehören unter anderem das Atmen und

die motorischen Körperfunktionen, auch die Wahrnehmungen der Aura, die Abspeicherungen von Blockaden
und Strukturen und die Interaktionen mit den Energiefeldern der Mitmenschen. Eine dauerhafte Störung der
unbewussten Abläufe ist lebensbedrohlich.

Die Basisgefühle versorgen den Körper immer so, dass
es ihm gut geht. Stellen Sie sich vor, die gesamte Or-
ganisation der Körperfunktionen würde in den Bereich
des Bewusstseins verlagert. Sie wären nur noch damit
beschäftigt, die Funktionen z. B. Ihres Darms zu steuern und wären in kurzer Zeit nicht mehr lebensfähig.
Bewusstsein für die unbewussten Ebenen des Lebens
entsteht erst dann, wenn es einen Widerstand oder
eine Blockade auf der energetischen Ebene in den fließenden, unbewussten Abläufen gibt.

Wann spüren Sie Ihren Körper?
Nur wenn irgendwo ein Schmerz oder eine Auffällig-
keit zutage tritt. Wann haben Sie Ihr Knie, Ihre Niere
oder Ihre linke Schulter zum letzten Mal wahrgenommen? Als ein Schmerz, ein Druck oder ein Stechen auf-
trat.

Erst, wenn Sie den auffällig gewordenen Körperteil bemerken, können Sie bewusst etwas tun. Sie können Be-
lastungen abbauen, Wärme oder Kälte zuführen, einen
Verband anbringen oder sich Rat und Hilfe von medi-
zinischer Seite einholen.

Zumindest was den Körper anbetrifft, ist es also sehr von Vorteil, wenn die Abläufe reibungslos und damit unbewusst vor sich gehen.

Wenn Sie sich Ihren Alltag vorstellen, gilt diese Aussage für sehr viele Bereiche. Sie erledigen eine Vielzahl von Tätigkeiten mechanisch, registrieren sehr viele Begegnungen unbewusst und ordnen die meisten Erlebnisse automatisch in wichtig und unwichtig ein.

Beispiel:
Sie fahren Auto, lenken, kuppeln, schalten, geben Gas, blinken, bremsen. Diese Abläufe sind in Ihrem Unbewusstsein gespeichert. Solange diese Abläufe ungestört vor sich gehen, läuft die Fahrt gut und gibt Ihnen die Freiheit, mit Ihrer Beifahrerin zu reden, Radio zu hören und die entgegenkommenden Autos zu beobachten. Werden die unbewussten Abläufe gestört, müssen Sie die notwendigen Maßnahmen bewusst vornehmen. Wenn Sie bei ihrer täglichen Fahrt ins Büro ständig denken »jetzt muss ich schalten, jetzt muss ich bremsen, jetzt muss ich nach links abbiegen und mit dem linken Mittelfinger den Blinker nach unten drücken ...« wird das Fahren sehr mühsam und Sie können diese Konzentration nur über kurze Strecken aufrechterhalten.

Basisgefühle gehören ins *Unbewusstsein*. Aus dem *Unbewusstsein* heraus steuert Ihr Energiefeld Ihren Körper und Ihre Handlungen.

Basisgefühle sind nicht an Gedanken gekoppelt.

Müdigkeit zeigt Ihnen, dass der Körper seine Ressourcen aufgebraucht hat, und Erholung durch Schlaf benötigt. Die Sinne wollen nicht weiter gefordert werden und brauchen eine Auszeit.

Das Empfinden von Hunger ist körperlicher Ausdruck des Mangels dringend benötigter Substanzen. Der Körper braucht ein gesundes Gleichgewicht von Baustoffen, um für die Aufgaben, die ihm gestellt werden, fit zu sein. Das Fehlen eines wichtigen Stoffes im Körper wird durch Hunger und die Lust auf ein bestimmtes Nahrungsmittel angezeigt. Wird der Hunger gestillt, ist das Gefühl verschwunden, und der Körper ist wieder für einige Zeit leistungsfähig.

Beim Essen werden fremde Stoffe in die Schwingungen des Körpers aufgenommen. Alles, was der Körper nicht benötigt, wird ausgeschieden. Der Rest wird integriert. Der Körper wird aus den Stoffen aufgebaut, die Sie zu sich nehmen.

Lernen Kinder, auf ihr sicheres Körpergefühl zu hören und zu vertrauen, haben sie keine Schwierigkeiten bei der Essensauswahl. Für die Mitmenschen kann ihre individuelle Speisenwahl und -zusammenstellung jedoch manchmal seltsam anmuten.

Angst ist ein weiteres Basisgefühl. Es löst als Reaktion auf drohende Gefahren Flucht- und Schutzreaktionen aus. In diesem Sinn gehört die Angst zu einer biologisch sinnvollen Grundausstattung.

Ergreift allerdings die Angst Besitz von den Gedanken, wird sie zu einem zivilisatorischen Problem. Die bewusst gewordene Angst setzt Gedankenszenarien in Gang, die sich in alle Richtungen ausbreiten und alle möglichen Abläufe durchspielen. Angst setzt das fließende *Unbewusste* weitgehend außer Kraft, weil ihm das Grundvertrauen fehlt. Es ist bestrebt, möglichst alle Lebensvorgänge ins Bewusstsein zu holen, zu kontrollieren und zu steuern.

Dies führt zu kompletter Überforderung und dadurch zu Rückzug und Aufgabe jeder Art von Aktivität.

Das Feld des *Unbewussten* ist ein stabiles Lebensfundament. Es bietet Sicherheit und beherbergt alle Gewohnheiten und vertrauten Lebensabläufe. Bei der Bewusstseinsarbeit werden die Handlungen des Unbewussten an die Oberfläche des Bewusstseins geholt und beleuchtet, um die im Energiefeld vorhandenen Blockaden verstehen zu können. Nach dem Bewusstseinsprozess sinken die Lebensabläufe wieder ab ins *Unbewusste*.

Sie können diesen Vorgang vergleichen mit einem Update im Computer. Ist das Update erfolgt, laufen die Programme wieder im Hintergrund. Solange sie reibungslos laufen, denken Sie nicht an ihre Einzelbestandteile. Erst eine Fehlermeldung bringt das Programm in die Bewusstseinssphäre. Jetzt gilt es, sich mit der Fehlfunktion bewusst zu beschäftigen, um sie zu reparieren.

Danach läuft das Programm wieder in der Sphäre des Unbewussten.

Die Primärgefühle

Die Primärgefühle Schmerz, Lust und Wut sind Bindeglieder zwischen *Unbewusstsein* und Bewusstsein. Die Primärgefühle lösen eine Reaktion auf die Basisgefühle aus.

Hunger als Basisgefühl löst das Primärgefühl »Lust auf Essen« aus.

Eine Störung im körperlichen Ablauf löst das Primärgefühl »Schmerz an der bestimmten Stelle« aus.

Jeder Mensch hat eine individuelle Bandbreite von Primärgefühlen. Der eine reagiert schneller, der andere fühlt den Handlungsbedarf wesentlich später.

Lust ist der Hauptauslöser einer Handlung. Ohne die Lust, etwas zu tun oder etwas haben zu wollen, wird keine Energie bereitgestellt, um zu handeln. Lust ist auch ein Handlungsauslöser für die Veränderungen im Leben.

Wenn der Nutzen aus einer Veränderung größer ist als der Schaden des momentanen Zustands, entsteht Lust auf Veränderung.

Lust kann gefördert, aber auch aberzogen werden. Wenn die Eltern aus Angst dem Kind jegliche Lust zu klettern, zu toben, zu forschen durch Verbote nehmen, wird die Lust nach und nach schwächer.

Wenn durch Beschränkungen, Verbote und starre Richtlinien dem Menschen die Lust genommen wird, etwas Neues auszuprobieren, erlahmt seine Lust zur Aktivität.

Schmerzen aller Art gehören ebenfalls zu den Primärgefühlen. Sie geben dem Körper genaue Anweisung, was zu tun oder zu lassen ist. Schmerzen weisen deutlich auf einen Missstand hin und verhindern bestimmte Tätigkeiten. Schmerzen lehren den Menschen, Dinge zu tun oder zu unterlassen. Sie holen einen Aspekt aus dem *Unbewusstsein* in das Bewusstsein hoch, um ihn einer bewussten Bearbeitung zuzuführen.

Schmerzen verhindern Verletzungen und Überanstrengungen auf der physischen Ebene. Sie zeigen, dass es eine Unstimmigkeit gibt zwischen Denken und Handeln.

Sie wollen unbedingt einen Dauerlauf über zehn Kilometer machen? Schmerzen weisen Sie darauf hin, dass dem Körper diese Anstrengung momentan nicht passt.

Das Schmerzempfinden ist eine lebensnotwendige Eigenschaft des Menschen. Ist es außer Kraft gesetzt, sind Sie in Ihrer Existenz bedroht. Sie können dann nicht aus einem plötzlich auftretenden Schmerz lernen und begeben sich mit Ihrem Körper in Gefahr.

Der Mensch hat in den letzten Jahrzehnten sein Hauptaugenmerk darauf gerichtet, den Schmerz nicht mehr fühlen zu müssen. Der Schmerz verlor deshalb einen großen Teil seiner Hinweiswirkung. Auf diese Art blind und taub für Gefahren, überschreitet der Mensch die Grenzen dessen, was dem Körper guttut. Es kommt dann zu der Überanstrengung und Überforderung, vor der der Schmerz eigentlich warnen will.

Wut ist ein Primärgefühl, das wie der Schmerz die Brücke von der Unbewusstheit zur Bewusstheit herstellt. Wut fordert zum Kampf auf. Wut setzt Grenzen. Wut ist wichtig und als Gefühl im Bewusstsein präsent. Sie dient der Durchsetzung und dem Erkennen der eigenen Kraft. Sie dient in diesem Sinne der emotionalen Weiterentwicklung. Durch das Erleben und Umsetzen der Wut in körperliche Aktion und in einen Austausch mit den Mitmenschen hat der Mensch die Möglichkeit, Erfahrungen zu sammeln. Wut ist ein Gefühl, das zur instinktiven Grundausstattung gehört. Wie auf der körperlichen Ebene der Schmerz unentbehrlich ist für das Lernen und die Entwicklung, ist auf der emotionalen Ebene die Wut unentbehrlich für die Entwicklung.

Die Sekundärgefühle

Die Sekundärgefühle sind Emotionen und entwickeln sich im Laufe des Lebens aus der Kombination von Basisgefühlen und Gedanken. Sekundärgefühle sind eine Erscheinung der Zivilisation und stellen Anforderungen an das Bewusstsein und die Entwicklung des Menschen. Sie liegen als Strukturen und damit als Widerstände im Energiefeld vor. Sie sind damit die Grundlage all der Blockaden und Strukturen im Energiefeld, die sich in Ihrem Leben in Form von Ereignissen, Begegnungen, Unfällen, Zufällen usw. materialisieren.

Die Sekundärgefühle sind zunächst Basisgefühle, die zwar gefühlt, aber nicht in eine entsprechende Handlung umgesetzt werden können. Sie werden mit Gedanken und mit Bewertungen gekoppelt. Die auf ein Basisgefühl logisch folgende Handlung wird unterbunden, weil Ihre Gedanken, Erfahrungen und Bewertungen die Handlung für nicht angebracht halten. Der Umgang mit den Emotionen entspricht einer Kompensation. Das bedeutet, wir handeln anders als wir fühlen.

Beispiel:
Sie haben Hunger (Basisgefühl). Sie verspüren Lust (Primärgefühl), eine Currywurst mit Pommes frites zu essen. Jetzt meldet sich der Verstand und sagt Ihnen: »Currywurst mit Pommes frites ist zu fetthaltig, und außerdem hast du für heute deine Punktzahl bei den Weight Watchers bereits erreicht.«

Die Basisgefühle sind im *Unbewusstsein* und geben Ihnen eine Wahrnehmung Ihres Körpers. Aber Sie haben bereits von Kind an gelernt, ihnen nicht zu trauen. Das bedeutet, Sie haben gelernt, sich nicht Ihrem Gefühl entsprechend zu verhalten. Ihre Erfahrung sagt Ihnen, dass Sie die gewünschte Anerkennung dann bekommen, wenn Sie sich entgegen Ihrem eigentlichen Gefühl verhalten.

Es wurde Ihnen früh beigebracht, sich selbst nicht zu vertrauen, sondern sich auf die Erfahrungen der »Großen« zu verlassen und sich der Gesellschaft anzupassen. Alle Gefühle der Ohnmacht und Angst, die hierdurch entstehen, finden sich als energetische Struktur im *Unterbewusstsein* und wurden nonverbal als Struktur von den vorigen Generationen übernommen.

Wenn Sie als Kind nie gelernt haben, Ihren eigenen Gefühlen zu trauen, können Sie später keinen Weg finden, sinnvoll mit Ihrem Körper und seinen Grundbedürfnissen umzugehen.

Die Auswirkungen sind umfangreich. Sowohl Ihr Selbstbewusstsein als auch Ihr Selbstwertgefühl sind gestört, was sich in allen Lebensbereichen bemerkbar macht. Sie sind beeinflussbar von außen. Ihre Motivation, selbst zu handeln, ist reduziert.

Sie sind es gewohnt zu konsumieren. Sie richten sich mehr nach anderen Leuten, nach Werbung und Zeitgeist als nach Ihren eigenen Bedürfnissen. Sie fühlen sich nicht und damit kennen Sie sich auch nicht.

Gefühle sind Ihr Alltag und bestimmen jede einzelne Ihrer Handlungen.

Durch die Zivilisation kommen Gesichtspunkte in Ihr Leben, die Ihrem Wohlergehen als Mensch nicht dienlich sind. Nicht mehr die Erhaltung des Körpers und die eigene Wesensart stehen im Mittelpunkt. Es ist vielmehr erstrebenswert geworden, die Gefühle immer weiter zu verzerren, um den von außen vorgegebenen Werten zu entsprechen.

Die Gesellschaft verfolgt ein Wertesystem und hat eine Moral und einen Lebensstil geschaffen, die für Gefühle und deren sinnvolle Umsetzung keinen Platz lassen.

Die Menschen werden zur Anpassung erzogen, und die Gesellschaft gibt sich große Mühe, den Einzelnen an die gängigen Moral- und Verhaltenskodexe anzupassen. Zugleich sollen sich möglichst selbstbewusste, starke Persönlichkeiten entwickeln.

Ohne das Zusammenspiel von Körper, Geist, Gefühlen und Emotionen können die Menschen jedoch nur leere, unpersönliche Rollen spielen.

Ein sinnvolles Ziel ist es, eine Gefühlskultur zu entwickeln, die eigenen Gefühle und Emotionen zu erkennen und diese als maßgebliche Wegweiser im Leben zu nutzen.

Diesen Umgang mit Gefühlen zu lernen und ihre Bedeutung zu erkennen, könnte ein zentrales Lehrfach in allen Schulen der zivilisierten Kulturen werden.

Gefühle machen den Menschen auf körperliche Missstände aufmerksam. Die Basisgefühle signalisieren dem Menschen, wenn in den Abläufen der Körperfunktionen Störungen auftreten.
Die Primärgefühle stellen die Antriebskräfte für Handlungen dar.
Die Sekundärgefühle entsprechen den Emotionen, den Empfindungen im menschlichen Zusammenleben.

Gefühle machen den Menschen auf energetische Missstände aufmerksam. Sie sind der Motor zur Veränderung und Entwicklung.

Gefühle verbinden den Menschen mit der Genialität der Schöpfung. Sie lassen ihn die Großartigkeit und Schönheit der Natur, die Weite des Universums und den Sinn des Lebens wahrnehmen.

Die Veränderung des menschlichen Bewusstseins im Laufe der Entwicklung

Die Entwicklung meiner Aura gibt mir die Möglichkeit, mein Leben als Chance für Entwicklung zu verstehen.

Die Welt als Resonanzfeld erleben konnte der Mensch nicht von Anbeginn an. Sich selbst auf übertragene Weise in der Umwelt als Spiegel erkennen zu können, ist eine Bewusstseinsleistung, die sich im Laufe der Menschheitsentwicklung erst nach und nach ausbildete.

Seitdem der Mensch auf der Erde existiert, hat sich sein Energiefeld ständig weiterentwickelt. Voraussetzung für die Existenz eines jeden Körpers ist das Energiefeld, oder anders ausgedrückt: der Bauplan. Eine Weiterentwicklung und eine Veränderung des Körpers, auch eine Erkrankung, kann immer nur durch die Veränderung des immateriellen Bauplans, also der Aura erfolgen.

Grundlage für unser Leben ist das menschliche Basisenergiefeld, das alle Menschen verbindende Gruppenenergiefeld.

Alle Menschen waren zu allen Zeiten und sind auch heute noch über dieses Energiefeld mit jedem anderen Menschen in Verbindung. In diesem Gruppenenergiefeld ist als energetische Information enthalten, was den Menschen ausmacht und von anderen Spezies der Schöpfung unterscheidet. Diese Schwingung ist in der Aura die langsamste Frequenz und umfasst die Schwingung von Vitalität und Emotionen.

Über das Gruppenenergiefeld »Mensch« stehen alle Menschen auf eine sehr grundsätzliche Art und Weise miteinander in Verbindung und verfügen über gleiche Grundverhaltens- und Gefühlsmuster. Das grundsätzliche Verhalten der Menschen untereinander, die Achtung voreinander, die Möglichkeit der Nahrungsbeschaffung, das Paarungsverhalten, die Mutterliebe und auch die Wahrnehmung der Natur oder der Gefahr in der Umgebung werden durch dieses Basisenergiefeld bestimmt.

Es gibt auch für die verschiedenen Tierarten Gruppenenergiefelder, die die Verhaltensweisen und körperlichen Merkmale der Rasse und deren Instinkte definieren.

Diese Gruppenenergiefelder der Arten von Lebewesen interagieren miteinander. Die Gruppenenergiefelder »Mensch« und »Hund« oder »Mensch« und »Pferd« verfügen über ähnliche Schwingungsfrequenzen. Deshalb bilden sich bei diesen Arten intensive Verbindungen, eine gegenseitige Zuneigung und die Möglichkeit, sich aufeinander einzustellen.

Die Gruppenenergiefelder »Mensch« und »Schlange« oder »Mensch« und »Spinne« sind in ihren Schwingungsfrequenzen dagegen sehr unterschiedlich.

Fremdartige Energiefeldschwingungen jedweder Art können Angst und Ablehnung verursachen. Deren Integration führt hingegen zu einer Entwicklung und zur Erweiterung der eigenen Möglichkeiten.

Das Energiefeld des Menschen ist in ständiger dynamischer Bewegung und Veränderung. Es finden Schwingungsangleichungen statt, und im Laufe der Entwicklung der Aura konnte sich das menschliche Bewusstsein immer weiter ausdifferenzieren. Es konnte sich mehr und mehr hin zu einem individuellen Bewusstsein entwickeln.

Wo zuvor noch in der sehr langsamen Schwingungsfrequenz des Gruppenenergiefeldes das Gefühl der Einheit herrschte, entwickelte sich nun das Energiefeld zu einer individuellen Aura. Infolgedessen konnte sich der Mensch nach und nach immer mehr als Einzelwesen empfinden.

Aufgrund der energetischen Veränderungen der Aura und der damit einhergehenden schnelleren Frequenzen, haben sich auch der Körper und das menschliche Bewusstsein entsprechend diesem neuen Bauplan verändert.

Die hinzugekommenen schnelleren Frequenzen innerhalb der Aura waren die Grundlage für die Entwicklung von Gedanken und Willensfähigkeiten. Die Menschen spürten weiterhin ihre Grundbedürfnisse, die ihnen der Körper vermittelte, handelten aber nicht mehr spontan oder instinktiv, um diese zu befriedigen. Sie hatten ihr Bewusstsein um eine Gedankenwelt erweitert, die das Handeln von nun an in eine neue Richtung lenkte.

Beispiel:

Sie fühlen im Körper deutlich die Tendenz zu flüchten. Flucht ist eine sinnvolle Reaktion auf eine Bedrohung und gehört in den Bereich der Basisgefühle. Mit den »neuen« Frequenzen ergreifen Sie nicht die Flucht. Der Fluchtreflex wird durch die Gedanken, die Sie sich als Mensch jetzt machen können, verhindert. Sie machen sich Gedanken, finden Erklärungen, orientieren sich an Gepflogenheiten, an der Etikette oder an Vorschriften und verzichten auf die Flucht. Selbst wenn der ursprüngliche Fluchtreiz sich durchsetzte, gäbe es Anweisungen zum geordneten Verlassen der Situation.

Die Möglichkeit, eine Gedankenwelt zu schaffen, gab dem Menschen mehr und mehr die Fähigkeit zu sozialem Verhalten und zur Entwicklung von Kultur und Zivilisation.

Die Gedanken hatten jetzt eine wichtige Position im menschlichen Zusammenleben übernommen. Eine Folge dieser Entwicklung der Gedanken war, dass der einzelne Mensch sich fortan als separiertes Individuum wahrnahm, das sich in seiner immer stärker wirkenden individuellen Gedankenwelt zurechtfinden musste.

Auf die Ebene, sich mit allem verbunden zu fühlen, können sich die modernen Menschen fast nur noch begeben, wenn sie die Schwingungsgeschwindigkeit der Aura verlangsamen und sich auf diese Weise in die Wahrnehmung der Basisgefühle begeben.

Heute ist ein weit verbreitetes Mittel hierfür der Konsum von Alkohol, der bei Gruppenveranstaltungen ein Gefühl von Zusammengehörigkeit erzeugt. Die sonst vorherrschenden Gedanken an die Probleme des Alltagslebens werden unterdrückt und die Basisgefühle werden verstärkt wahrgenommen. Man fühlt sich mit allen verbunden, vergisst die zivilisierten Verhaltensweisen und das Gefühl der Individualität. Im Grunde bei fast allen Großveranstaltungen ist ein solches Phänomen zu erleben. Gemeinsam die gleiche Musik, die gleiche Rede oder das gleiche Theaterstück zu erleben, verbindet die Menschen in Ihren Grundschwingungen und erzeugt das angenehme Gefühl der Solidarität, eingebunden und aufgehoben zu sein.

Ansonsten ist das zivilisierte Leben der heutigen Zeit geprägt von Abtrennung.
Als moderner Mensch fühlen Sie sich innerlich von Ihrer Familie, von Ihrem Partner, von Ihrem Beruf, von Ihren Freunden getrennt. Sie teilen sich sogar selbst in

die verschiedensten Rollen, die Sie im Alltag spielen, auf. Sie trennen Beruf von Familie, Freunde vom Beruf und zu guter Letzt Ihren Körper von sich selbst.

All das sind Auswirkungen der individuellen Aura.

Die meisten Verhaltensweisen des Alltags beruhen auf solchen Abtrennungen.

Sie ärgern sich *hier* über einen Kunden und lassen dies *dort* an einem Kollegen aus.

Ihr Chef hat *hier* die Angst um seine Investition und macht *dort* Druck auf Lieferanten oder auf die Arbeitnehmer.

Sam und Mike haben immer gerne und viel bei McDonald's® gegessen und verklagen die Firma auf Schadenersatz wegen ihres Übergewichts.

Uwe vernachlässigt seine Frau und kümmert sich nicht um ihre Gedanken und Gefühle. Später schimpft er über Thomas, der ihm die Frau ausgespannt hat.

Otto und Luise haben zeit ihres Lebens wenig Interesse an ihren Mitmenschen gehabt und beklagen sich über die Einsamkeit im Alter.

Alle Leute sind ständig auf den Straßen und in den Lüften unterwegs, genießen die Lebenserleichterungen, die der elektrische Strom mit sich bringt, schätzen aufwendige Verpackungen und das internationale Angebot an Nahrung und Kleidung. Ohne die Zusammenhänge sehen zu wollen, beklagen sie sich über die Umweltverschmutzung.

Die Kinder haben Probleme in der Schule, die Eltern machen die Lehrer verantwortlich.

Jugendliche werden gewalttätig, die Politiker geben allein den Computerspielen die Schuld für diese Verhaltensweise.

Sie bekommen eine Krankheit und geben den Viren oder der Umwelt die Schuld dafür.

Wird Ihr Körper krank, geben Sie ihn zur Reparatur ab, er ist Ihnen fremd. Ihnen ist das Empfinden, was dem Körper guttut und was ihm schadet, abhanden gekommen. Sie haben derart das Empfinden dafür verloren, dass Sie fremde Menschen um Rat fragen, wenn Ihr Körper negative Signale aussendet.

Dabei sind Sie für Ihren Körper der einzige Fachmann – immerhin sind Sie es selbst, der ihn durch die Kraft des eigenen Energiefelds gestaltet und am Leben erhält.

Der fremde Fachmann vergleicht Ihre individuellen Körperfunktionen mit Standardwerten. Weichen diese Werte ab, sind Sie krank, obwohl Sie sich wohlfühlen. Stimmen die Werte überein, ist keine Krankheit feststellbar, obwohl Sie sich krank fühlen.

Die Entwicklung der Aura und damit die Entwicklung des menschlichen Bewusstseins hat, neben vielen Vorteilen, eine immer stärker werdende Aufspaltung des

Lebens und eine materielle Orientierung zur Folge. Doch steht uns durch diese energetischen Veränderungen auch der Weg offen, durch unser Bewusstsein die Zusammenhänge umfassender als je zuvor zu erkennen und damit sinnvoll unsere spirituelle Realität zu gestalten.

Die neue Sicht auf die Zusammenhänge des Lebens

Bildung sollte bedeuten, einen jungen Menschen seinem Wesen entsprechend auf seinem Entwicklungsweg zu begleiten.

Sie und alle anderen Menschen erleben Tag für Tag die Auswirkungen von fehlgeleiteten Gefühlsreaktionen. Sie bekommen nur das Ende einer Kette von Zusammenhängen mit. Sie verstehen nicht, wie Ihnen geschieht, wenn Sie unfreundlich behandelt werden und geben dieses schlechte Gefühl unbewusst an den Nächsten weiter, der Ihnen begegnet oder Sie fressen diesen Frust in sich hinein.

Es ist ein reiner Notbehelf, Ihre täglichen Erfahrungen dadurch in den Griff zu bekommen, dass Sie versuchen, Beruf und Privatleben streng voneinander zu trennen. Dadurch entsteht eine Tendenz, die Ihr Leben in die falsche Richtung lenkt. Das Gefühl der Abtrennung wird immer stärker, die Angst und die Niedergeschlagenheit, die sich daraus ergeben, werden immer präsenter.

Diese strenge Abspaltung ist so lange nötig, bis Sie ein neues Verständnis entwickeln, dass Sie als Mensch eine Gesamtheit aus Verstand, Körper und Gefühlen sind. Ein Wesen, dessen Lebensgrundlage seine Aura ist, die ihn mit allen anderen Lebewesen ständig in Verbindung hält, die seinen Körper bildet und seine Beziehungen zu seiner Umwelt gestaltet. Dass Sie, wie alle anderen, ein Wesen sind, das mit allem in Verbindung steht.

Dieses Buch zeigt Ihnen, in welcher Weise Sie mit allen Menschen in Ihrer Umgebung verbunden sind, wie alle Ihre Erfahrungen und Erlebnisse zusammenspielen und Ihrem persönlichen Wachstum dienen.

Das Leben verliert seinen bedrohlichen Charakter, wenn Sie seinen Sinn verstehen.

Es gehört zu Ihrem menschlichen Leben, zunächst einmal die gesamte Verantwortung abzugeben. Mit der Geburt begeben Sie sich vertrauensvoll in die Obhut anderer Menschen und bekommen alle Strukturen und energetischen Verbindungen Ihrer Familie und Ahnen mit in die Wiege gelegt. Dies ist der Lebensstart, der Ihnen Ihre großartige persönliche Entwicklung erst möglich macht. Als Seelenwesenheit waren Sie, bevor Sie entschieden haben, ein Leben als Mensch zu wählen, in vollkommener Einheit und Übereinstimmung mit sich selbst und der ganzen Schöpfung. Die Entscheidung, sich in ein Leben auf der Erde zu begeben, bedeutete, die Eigenverantwortung zunächst für viele Jahre nicht ausüben zu können. Als Baby und Kleinkind waren Sie nicht in der Lage, für sich selbst zu sorgen und sich im zivilisierten Alltag mit allen üblichen Verhaltensweisen zurechtzufinden.

Je mehr die Menschen in Zivilisationen zusammenleben, umso mehr haben sie vergessen, am Ende der Erziehung durch Eltern oder Lehrer die Eigenverantwortung für ihr komplettes Leben wieder zu übernehmen. Über lange Zeit gab es in den verschiedenen Kulturen und Völkern religiöse oder kulturelle Riten, die diese Aufgabe erfüllten. Der Weg hinein ins Erwachsensein wurde bewusst gestaltet.

Heute gibt es solche Riten nicht mehr, deswegen fehlt vielen Menschen der Einstieg in ein bewusstes und eigenverantwortliches Leben auf ihrem Weg zu Reife und geistigem Wachstum.

Wir verwechseln in der heutigen Zeit die intellektuelle Reife mit der menschlichen Reife. Auch das ist ein Ergebnis der Abtrennung. Wissen allein, denken viele Menschen, reicht aus, um auf dieser Welt zu bestehen. Aber die Realität in all ihren erschreckenden Einzelheiten zeigt uns etwas anderes.

Würde bei den Abschlussprüfungen der verschiedenen Schularten nicht ausschließlich Wert auf intellektuelles Wissen gelegt, sondern auch die wesensgerechte Entwicklung des Schülers ihren Platz einnehmen, dann müsste sich der Lehrplan ändern. Der Umgang miteinander und das Verständnis füreinander sollten wichtiger sein als das Auswendiglernen von Zahlen, Daten und Fakten, die im Internet sowieso überall präsent sind und jederzeit abgerufen werden können.

Anstatt seelenloser Wissensträger sollten ganzheitlich fühlende und denkende Menschen ausgebildet werden. Dann wäre das Wort Bildung in seinem ursprünglichen Sinn erfasst.

Hatten Sie in Ihrem Leben schon einmal das Gefühl, nicht richtig zu sein, der Norm nicht zu entsprechen? Haben Sie sich angestrengt und eigene Wünsche und Bedürfnisse zurückgestellt, nur um in die Norm zu passen?

Wissen Sie heute, wer Sie eigentlich sein könnten, wenn Sie sich nicht immer wieder hätten anpassen und zuschneiden lassen? Viele Menschen sehnen sich danach, diejenige oder derjenige sein zu können, als die sie vorgesehen, als die sie auf die Welt gekommen waren.

Haben Sie nicht auch oft das Empfinden, hinter dem Menschen, der in der Leistungsgesellschaft angestrengt und eingespannt seinen Teil beiträgt, sei noch ein Mensch, mit einem ganz anderen Bedürfnis? Mit dem Bedürfnis, gesehen zu werden, angenommen und geliebt zu sein? Oder einfach nur dazuzugehören.

Das ist der Grund, warum Massenveranstaltungen und Alkohol eine solch große Faszination ausüben. Hier ist dieses Grundgefühl »dazuzugehören« am ehesten zu finden.

Bisher ging die Entwicklung der Menschheit dahin, sich aus dem Gruppenenergiefeld »Mensch« nach und nach herauszulösen. Je stärker der Mensch seine Individualität entdeckte und auslebte, desto schwächer wurde sein Gefühl für die Zusammengehörigkeit aller Menschen. Die Gedanken haben eine wichtige, aber eben auch eine trennende Position übernommen.

Wo früher die Verbindung der Menschen untereinander unbewusst durch das Basisenergiefeld geprägt war, geht die heutige Entwicklung hin zu einer bewussten energetischen Verbindung auf einer spirituellen Ebene. Es ist eine neue Lebensqualität, sich selbst in diesen neuen Bewusstseinszustand hineinentwickeln zu können.

Diese Entwicklung hat soeben erst begonnen und bis sie Wirkung zeigen wird, bleibt das vorherrschende Gefühl bestehen, allein zu sein, nicht verstanden zu werden und um seine Ansprüche immerzu kämpfen zu müssen.

Am Anfang war der Mensch »eins mit allem«. Nach und nach ergaben sich neue Dimensionen in seinem

Leben. Sowohl der Raum als auch die Zeit bekamen auf einmal eine Bedeutung. Bis zu diesem Zeitpunkt war die Zeit unwichtig und wurde als Dimension des Lebens nicht wahrgenommen.

Als der frühe Mensch mit allem in seiner Lebensumwelt in Verbindung stand, war immer alles zur rechten Zeit am rechten Ort. Er brauchte das Leben nicht zu planen und dachte nicht in Vergangenheit und Zukunft. Er war einfach ganz und gar in diesem Augenblick.

Er hatte zu essen, wenn er es brauchte, und akzeptierte Perioden des Hungers. Er bekam im Rhythmus der Natur Kinder und war in ein Energiefeld eingebunden, in dem jeder sich in eine bestimmte Ordnung fügte. Das alles verbindende Gruppenenergiefeld mit den Basisgefühlen garantierte Fülle und Energie, ausreichend für jedermann.

Die beschriebenen Veränderungen hin zu einer individuellen Aura bedeuteten dagegen, Mangel fühlen zu können. Es bedeutete, Konkurrenz zu anderen Menschen zu empfinden und die Notwendigkeit zu erkennen, für sein Wohl und seinen Erfolg kämpfen zu müssen.

Man kann dies mit dem Bild von einem großen Meer vergleichen, in dem alle als Wesen frei herumschwimmen und in dem das Wasser das alle verbindende Energiefeld darstellt.

Die individuelle Aura ist dann die Entwicklung hin zu einem Eimer, der in diesem Meer schwimmt und der Einzelne steckt als Wesen in diesem Eimer.

Er hat dann zwar immer noch Verbindung zu allen anderen Wesen durch das Wasser des Meeres, aber er hat das Gefühl dafür verloren. Er sieht und fühlt nur noch den eigenen Eimer und spürt den Mangel, der durch dessen Beschränkung entsteht. Auf einmal gibt es eine Definition von voll und leer, von größer und kleiner, von Zeit und Raum. Wenn Sie nun dieses Bild vom Wasser im Eimer noch durch Strukturen ergänzen, die hier im Bild vielleicht Steine, Algen und Muscheln sein könnten, dann wird es auf einmal im Eimer recht eng. Sie spüren Ihren Mangel und meinen, nur überleben zu können, wenn Sie die Eimer der Nachbarn plündern.

Die Aura fühlt sich im Laufe eines zivilisierten Lebens tatsächlich mit der Zeit recht eng an. Der Mensch fühlt den Mangel und hat Möglichkeiten gefunden, anderen Menschen Energie wegzunehmen, um selbst kräftiger zu werden. Da dies jedoch permanent geschieht, Menschen zugleich Energie rauben und selbst geraubt bekommen, gibt es dabei keinen wirklichen Gewinner. Jeder nimmt und gibt Energie. Das Einzige, was dadurch gefühlt werden kann, ist der Mangel.

Auf diese Weise werden Strukturen als Grundlage für Ihre Sekundärgefühle in der Aura gespeichert. Diese Gefühle wiederum dienen Ihnen als Anstoß, sich mit sich selbst zu beschäftigen. Durch eine Beschäftigung, durch Erkenntnis und Veränderung können Strukturen der Aura gelöst werden. Die darin gebundene Energie kommt wieder in Fluss und kräftigt die Aura. So können Sie sich als Mensch im Laufe Ihres Lebens entwickeln. Sie machen Erfahrungen, haben Gefühle, diese werden als Strukturen konserviert und später als persönliche Entwicklung wieder in Fluss gebracht.

Durch das zugrunde liegende Mangelgefühl kommt es ständig zu zwischenmenschlichen Energieunterschieden und damit in Folge zu Strukturen in der Aura.
An jede dieser Strukturen ist eine Emotion aus der Vergangenheit gebunden. Es gibt im Energiefeld keine Struktur ohne ein entsprechendes Gefühl, oder umgekehrt:

Immer, wenn Sie etwas fühlen, fühlen Sie die Vergangenheit.

Und immer dann, wenn Sie es schaffen, bewusst mit Ihren Emotionen und deren Auswirkungen umzugehen, lösen sich Strukturen in der Aura, und die entsprechende Energie steht Ihnen wieder zur Verfügung. Die Aura wächst, Ihr Bewusstsein wächst, und Sie finden auf diese Weise immer mehr zu sich selbst und Ihrem wahren Wesen.
Jedoch können Sie sich nicht über einen Rückschritt zu den alten Zeiten hin weiterentwickeln, sondern nur durch eine neue Entwicklung des Bewusstseins hin zu höheren geistigen Möglichkeiten in der Zukunft.

Die Dynamik der Aura ist ähnlich dem Ein- und Ausatmen. Wir kommen mit viel Bewusstsein und Energie, geben das Bewusstsein und die Energie in Strukturen und Beschränkungen ab, um dann durch bewusste Arbeit an uns selbst zu reifen, energetisch zu wachsen und mit dieser Reife das Wachstum des gesamten Seins der Schöpfung zu unterstützen.

Wir leeren dann am Ende unseres Lebens sozusagen unseren Eimer zurück ins Meer.

Lassen Sie uns noch einmal zu unseren Urahnen zurückgehen.
In dem Augenblick, da sie als Wesen ihre Abtrennung vom Rest der Welt erkannten, bewegte sich immer mehr die Frage in ihnen: Wenn es einen Rest der Welt gibt, wer bin dann ich?

Fortan bekamen sie ein Bewusstsein für ihr Selbst und wollten es auch erkennen können. Nun bekam der Spiegel, in dem sie ihr Selbst sehen konnten, eine neue Bedeutung. Wasseroberflächen, in denen die Menschen etwas gesehen hatten, gab es schon immer. Aber jetzt entdeckten sie in der Wasseroberfläche *sich selbst*!

Sie erkannten sich, sie konnten sich sehen. Welch großartige Veränderung im Bewusstsein! Im gleichen Augenblick betraten sie eine neue Welt, in der sie sich immer weiter von ihrem Urgefühl als Mensch entfernten.

Was sie ehemals als Urverbundenheit in sich getragen hatten, mussten sie von jetzt an durch Bewusstsein, Nachdenken und neue Verhaltensweisen ersetzen.

Je mehr sich das individuelle Bewusstsein entwickelte, desto mehr entwickelten sich Macht und Ohnmacht, Religionen und Kulturen. Die Religionen waren und sind der Versuch, das innere Gefühl der Abtrennung zu überwinden. Alles, was zuvor selbstverständlich in ihm selbst ruhte, musste der Mensch auf einmal im Außen suchen. Er erschuf sich mit der Kraft seiner Gedanken Geschichten, Bilder und Götter, die als Ersatz für das verlorene Einheitsgefühl dienten.

Wo früher Urvertrauen und Verbundenheit mit der Schöpfung herrschte, gab es von nun an eine äußere Instanz, an die man glauben konnte. Diese Instanz hatte die Macht, den Einzelnen mit der Fülle zu verbinden oder nicht.

In der heutigen Zeit ist das verbindende Basisenergiefeld immer weiter in seiner Bedeutung »geschrumpft«. Die modernen Menschen fühlen sich von allen anderen Menschen abgetrennt, allein. Strukturen bestimmen den Alltag. Mangel an Energie, Macht und Ohnmacht sowie Lügen, Ängste und Schäden im Energiefeld prägen das Leben.

Auch die Religionen bringen nicht mehr das Gefühl der Gesamtheit und des Vertrauens zurück, nach dem sich die Menschen so sehr sehnen. Sie spüren, dass die Religionen selbst stark in Abspaltungen gefangen sind und füllen die Leere mit allen möglichen materiellen Stoffen, um zumindest vorübergehend ein Gefühl der Fülle und des Friedens empfinden zu können.

Die Bedeutung der Chakren für die Entwicklung des Bewusstseins

Die Chakren sind wichtige Organe der Aura und machen die Welt als Spiegel erst möglich.

Die Menschen haben heute neue Möglichkeiten, die Bedeutung der Existenz und den Sinn des Erdenlebens zu begreifen. Die Aura hat sich um zusätzliche Frequenzen erweitert, die zu den höheren geistigen Fähigkeiten gehören. Diese Frequenzen können Sie wahrnehmen, wenn Sie sich damit intensiv beschäftigen.

Die Aura als multidimensionales Energiefeld hat ein sehr komplexes und aussagekräftiges Chakrengefüge entwickelt. Chakren sind die Organe der Aura, über die der Körper energetisch gesteuert wird. Näheres hierzu finden Sie in dem Buch *Heilenergetik* ausgeführt.

Zu Beginn der menschlichen Existenz gab es ein Vier-Chakren-System, das die Grundversorgung des Körpers bestimmte. Die Entwicklung des Scheitel- und Basischakras machte den aufrechten Gang möglich und gab dem Menschen Zeit- und Raumorientierung.

Durch das Größerwerden der Aura und durch ein immer schneller schwingendes Energiefeld, bildeten sich nach und nach mehr Chakrenpunkte.

Das materielle Leben konnte dadurch komplexer und bewusster werden.

Heute verfügt die Aura über 10 körperbezogene Chakren, die den körperlichen Zustand des Menschen, seine Beziehungen zu den Mitmenschen und seinen Lebenserfolg definieren.

Pro Chakrenebene können sich 18 Öffnungen ergeben. Diese Öffnungen zeigen die Bewusstseinsentwicklung des Menschen oder, anders ausgedrückt, seine Möglichkeiten, mit anderen zu interagieren, die Welt zu erfahren und sich als Teil dieser Welt auszudrücken.

In unserer zivilisierten Welt sind meistens pro Chakra nur zwei Öffnungen zu erkennen. Dies entspricht der dualen Weltsicht. Ein Mensch mit zwei Öffnungen pro Chakra teilt die Welt ein in Gut oder Böse, Reich oder Arm, Groß oder Klein, Hell oder Dunkel, Täter oder Opfer, Banker oder Anleger, Hersteller oder Verbraucher, Deutschland oder China usw.

Je mehr Chakrenöffnungen sich bilden, desto vielfältiger wird die Weltsicht. Dies ist nur dann möglich, wenn sich die Kraft im Energiefeld durch Klärung und Bewusstsein erhöht.

Das Öffnen der Chakren hängt von dem gesamten Energiehaushalt der Aura ab. Ab 50 Prozent der Energie in der Aura können sich die Chakren im vorderen und hinteren Körperbereich öffnen. Die Chakren vorne dienen der Selbstwahrnehmung. Die nach hinten gerichteten Chakren dienen der Fremdwahrnehmung und der Orientierung in der Umgebung.

Durch diese Differenzierung zwischen vorderen und hinteren Chakren kommt es zu einem interessanten Phänomen. Während Sie über die vorderen Chakren alles spüren, was die eigenen Körperfunktionen betrifft, erleben Sie ausschließlich über die hinteren Chakren, wie Sie nach außen wirken und wie die Welt Sie erlebt.

Durch dieses Spiel der energetischen Wahrnehmungsorgane wird durch das Spiegeln des eigenen Ichs im Umfeld ein Lernprozess in Gang gesetzt. Stellen Sie sich vor, Sie sehen sich von vorne im Spiegel, schön zurechtgemacht, geschminkt, gestylt. Von hinten sieht Sie jemand zersaust und unordentlich und rümpft bei Ihrem Anblick die Nase. Sie nehmen das Naserümpfen wahr und können sich fragen, was nicht stimmt, und korrigieren, was Sie nicht selbst wahrnehmen konnten.

Beispiel:
Das Kehlkopfchakra ist das Wahrnehmungsorgan, in dem Sie erkennen können, wie Ihre Kommunikation funktioniert.
Ist es vorne geöffnet, sind Sie mit sich selbst im Gespräch, halten sich für kommunikativ, aufgeschlossen und fähig, über alle Themen zu reden. Ist das Chakra hinten ge-

schlossen, halten die anderen Sie für still, zurückgezogen, arrogant oder unkommunikativ.

Sie können dies nicht verstehen, weil Sie selbst sich kommunikativ fühlen. Über die Spiegelung, die Ihnen Ihre Umgebung jetzt bietet, können Sie sich korrigieren.

Ist das Kehlkopfchakra vorne geschlossen und hinten geöffnet, sind Sie nach außen eine Quasselstrippe, fühlen sich in sich selbst jedoch isoliert und einsam. Die Umgebung holt Sie gerne zum Reden in die Gemeinschaft, aber Sie selbst fühlen sich nicht kommunikativ und sind der Meinung, nicht sprechen zu können.

Ist das Kehlkopfchakra vorne und hinten geöffnet, stimmen Ihre Selbstwahrnehmung und die Fremdwahrnehmung überein.

Ebenso verhält es sich mit allen anderen Chakren. Sie selbst nehmen von sich nur den inneren Zustand wahr, den die vorderen Chakrenöffnungen wiedergeben. Die anderen sehen den Zustand Ihrer hinteren Chakrenöffnungen. Wie am obigen Beispiel deutlich wurde, kann durchaus eine große Diskrepanz zwischen den vorderen und hinteren Chakrenöffnungen bestehen. Erst durch die Reaktion Ihres Umfeldes können Korrekturen möglich werden.

Das Energiefeld als Grundlage für die Materie befindet sich in ständigem Wachstums- und Veränderungsprozess. Im Laufe der Jahrtausende hat sich das Energiefeld des Menschen erneut einschneidend verändert. Es sind drei neue Chakren hinzugekommen. Nachdem früher lediglich sieben Chakren aktiv waren, verfügt die Aura nunmehr über zehn Chakren.

Für den einzelnen Menschen bedeutet dies eine Veränderung in seiner individuellen Wahrnehmungsfähigkeit. Er wird in Zukunft neue Dimensionen erleben können. Was heute Einzelne als besondere Gabe der Hellsinnigkeit besitzen, wird für alle Menschen erfahrbar werden.

Das Streben nach dem Erkennen des Sinns des Lebens wird weiter zunehmen. Methodische Therapieformen werden durch individuelle abgelöst werden.

Der Umgang mit den Chakren und die Unterscheidung der Bedeutung der vorderen und hinteren Chakras ist eine Grundvorrausetzung, um aus dem Resonanzfeld der Umwelt lernen zu können.

Die Resonanztheorie

*Jeder Mensch hat
seine individuelle Welt
an Erfahrungen und
Emotionen. Es gibt keine
Objektivität.*

Resonanz bedeutet, dass durch Ihr Energiefeld etwas
in Schwingung versetzt wird und in diesem Rhythmus
mitschwingt. Sie können in Ihrer Umgebung nur das
erleben, was Sie selbst in Ihrem Energiefeld mit sich tragen und so bei einem anderen Energiefeld in Schwingung versetzen. Ihre Umgebung ist damit Ihr persönliches und individuelles Resonanzfeld.

**Sie sind ein Mensch mit einem Körper, Sie haben
ein sehr komplexes Energiefeld und leben in Ihrem eigenen Wahrheitsausschnitt mit Ihren eigenen Gefühlen.**

Lassen Sie uns jetzt, nachdem klar ist, wie individuell
die Gefühlswelt beschaffen ist, einen weiteren wichtigen Baustein der Realität betrachten. Aus der bisherigen Beschreibung geht hervor:
Realität an sich gibt es nicht. Zumindest keine objektive
Form, die für alle Menschen gleich ist.

Jeder Mensch macht vom Mutterleib an die unterschiedlichsten Erfahrungen mit seiner Umgebung. Jeder verfügt durch seine Biografie über die verschiedensten Gefühle und Strukturen in seinem Energiefeld.

In jedem Moment Ihres Lebens greifen Sie auf bereits
gemachte Erfahrungen zurück und nutzen sie, um Ihr
Leben zu erschaffen. Gestaltend dabei wirken die Gedanken, die eine direkte Folge Ihrer Gefühle sind.

Beispiel:

Sie gehen durch die Stadt, sehen bei einem Bäcker frische
Krapfen, gehen in den Laden und kaufen welche.

Was ist für diesen Ablauf alles geschehen?

Sie gehen durch die Stadt und auf einmal riechen Sie den
Duft frischer Krapfen. Sie denken sich, dass das lecker
riecht, wechseln die Straßenseite um der Duftquelle näher zu kommen.

Und nun läuft innerhalb kürzester Zeit eine ganze Reihe
an Gefühlen und Gedanken in Ihnen ab: Sie erinnern sich
an den Duft von früher: Immer zu Karneval hat Ihre Mutter sich die Mühe gemacht, Krapfen zu backen. Es war
gemütlich, das Fett der Fritteuse knisterte, der Geruch von
Hefeteig lag in der Luft, es war gute Stimmung und jeder
hat die Krapfen von Mutter geliebt und gerne gegessen.
Es gab Besuch, sogar der Onkel aus der Ferne kam zu
Besuch und lobte die Köstlichkeit. Jeder hatte dann einen
Zuckermund und lachte, wenn die Marmelade sich unge-
plante Wege aus dem Krapfen suchte ...

Sie gehen in die Bäckerei und kaufen eine große Tüte voll. Vielleicht kommt ja Besuch.

Der Geruch von früher hat in Ihrem Energiefeld Erinnerungen geweckt, die Sie Ihre Realität und Ihre Zukunft gestalten lassen.

Folgen Sie noch einmal der Fantasie: Sie gehen durch die Stadt und riechen den Duft frischer Krapfen. Sie denken sich, oh je, immer wenn es früher Krapfen gab, haben Mama und Papa Krach bekommen. Schon wenn ich das Fett rieche, wird mir übel. Gut, dass ich lieber herzhafte Speisen mag, dann bleibt mir viel Ärger erspart.

Auch diese Erfahrung der Vergangenheit prägt Ihre Realität und Ihre Zukunft.

So gibt es zahllose und uns meist unbewusst bleibende Ereignisse und Lebensabläufe, die ständig aus dem Fundus geholt werden, um die eigene Welt zu schaffen. Jeder fühlt seine eigene Welt und kann die des Nachbarn, des Partners, der Freundin weder kennen noch fühlen oder denken. Jeder formt immer neu aus den alten Erfahrungen die eigene Welt und arbeitet mit der eigenen Gedankenkraft daran, im eigenen Leben nur Dingen zu begegnen, die das Erfahrungsgebäude immer wieder ergänzen und bestätigen. Das gibt Ihrer Existenz eine scheinbare Stabilität und Sicherheit.

Dies ist der Wahrheitsausschnitt, in dem auch Sie leben. Es ist Ihre ganz individuelle und private Wahrheit, die Sie Tag für Tag aus sich heraus erschaffen.

Ihr Energiefeld, das multidimensional Ihre lebenslang angesammelten Strukturen in sich trägt, trifft dabei nach dem Resonanzprinzip die Auswahl in Ihrer Umgebung. Das heißt, Sie können nur dem in Ihrer Umgebung begegnen, was in Ihrem Energiefeld auf eine Struktur und damit auf Resonanz trifft. Hätten Sie im Zusammenhang mit Krapfen nicht so schöne Erinnerungen, wären Sie auf den Duft beim Bäcker gar nicht erst aufmerksam geworden bzw. hätten ihn weder positiv noch negativ bewerten können.

Machen Sie sich immer wieder deutlich, wie sehr Sie in *Ihrer* Welt leben. Die Welt ist das, was *Sie* sehen wollen und können. Nicht mehr und nicht weniger.
Sie sehen das Gleiche wie Ihre Freundin? Kann gar nicht sein!

Lassen Sie das folgende *Beispiel* stellvertretend für viele Situationen im Alltag auf sich wirken:
Sie wollen Ihre Nachbarin bitten, die Blumen für Sie zu gießen, während Sie in den Urlaub fahren. Sie haben zu der Nachbarin ein nettes, freundliches Verhältnis. Sie blicken zufällig aus dem Küchenfenster und sehen, wie die Nachbarin mit einer anderen Nachbarin redet und auf Ihr Haus deutet; als nächstes folgt eine abfällige Handbewegung.
Diese Beobachtung geht Ihnen nicht mehr aus dem Sinn. Was haben die beiden da zu tuscheln? Haben die etwa gestern Ihren Streit mit Ihrem Mann gehört? Oder haben

sie erfahren, dass Ihre Tochter in der Schule schlechte Noten hat? Letztens musste die Nachbarin mehrfach Pakete für Sie annehmen, war ihr vielleicht schon das zuviel? Vorige Woche hat Ihr Vater bei der Nachbarin zu eng am Gartenzaun geparkt, war es das? Eigentlich ist die Nachbarin gar nicht so nett, wie sie immer tut. Manchmal ist sie ganz schön hochnäsig. Als Sie letztens zu Fuß vom Bus nach Hause gelaufen sind, ist sie einfach an Ihnen vorbeigerauscht und ist bestimmt absichtlich schneller gefahren, um Sie nicht mitnehmen zu müssen. Vorige Woche hat sie stolz Ihrem Mann das Cabrio vorgeführt, die blöde Kuh, dabei wollen Sie gar kein Cabrio haben, aber auffällig war es schon. Na, nach einem »Blumengießer« werden Sie sich noch umschauen müssen, so eine Nachbarin lassen Sie nicht gerne unbeaufsichtigt in Ihr Haus. Blöde Ziege, das werden Sie sich für die Zukunft merken.

Vonseiten der beiden Nachbarinnen vor dem Haus sah die Szene so aus: Sag mal, kannst Du bei mir im Urlaub Blumen gießen? Klar, aber gerne, ich gieße doch auch die Blumen bei ihr – eine hindeutende, vermeintlich abfällige Handbewegung. Ich mache das total gerne und helfe, wo ich kann. Ich bin doch froh, dass ich so nette Nachbarinnen habe, auf die ich mich in der Not auch verlassen kann.

Wie können Sie sich entwickeln?

*Ich freue mich über
alles, was mir begegnet,
alles bringt mir Entwick-
lung und Wachstum.*

Sie können sich selbst nur dann weiterentwickeln,
wenn Sie »Anregungen« von außen bekommen, zu denen Ihr Energiefeld mit seinen Schwingungen in Resonanz geht.
Dadurch werden in Ihnen Gefühle und nachfolgend
Gedanken angeregt, die Ihr Leben in Bewegung setzen.
Sie reagieren. Sie fühlen sich selbst über Ihre vorderen
Chakrenöffnungen. Sie erleben die Umgebung über
Ihre hinteren Chakrenöffnungen. Es entsteht eine Diskrepanz zwischen Ihnen und Ihrer Umgebung. Dies ist
der Freiraum, der alle Möglichkeiten des Lernens bietet.

Sie können Ihre eigene Wahrnehmung anderen Energiefeldern und Wahrnehmungen angleichen. Sie selbst
gefallen sich, die anderen lehnen Sie ab. Sie haben die
Möglichkeit, sich selbst zu verändern oder die anderen
zu meiden. Vielleicht wählen Sie erst einmal die zweite
Möglichkeit, aber irgendwann werden Sie an sich selbst
etwas verändern, um dazugehören zu können. Sie arbeiten an den Energien, die Sie abstrahlen, und erzeugen bei den anderen Menschen eine andere Resonanz.

Entwicklung bedeutet, die Resonanzen in der Umgebung bewusst wahrzunehmen und sein Energiefeld entsprechend anzupassen. Entwicklung ist immer Integration von Neuem, nie Ablehnung oder Abgrenzung.

Ablehnungen oder Abgrenzungen zeigen die Ängste und Blockaden, die in der eigenen Aura vorhanden sind.

Abgrenzung wird oft als Schutzmaßnahme genannt, die wichtig ist, um die eigene Person gegen Übergriffe zu verteidigen. Solche Übergriffe sind sehr häufig bei Menschen mit wenig Energie und einer schwachen Aura. Ist die Aura dagegen kräftig, ereignen sich keine Übergriffe.

Abgrenzung als Schutzmaßnahme ist eine unwirksame Art der Symptombehandlung. Die Stärkung des eigenen Energiefeldes hingegen ist die kraftvolle Art der Ursachenbearbeitung.

Sie erinnern sich: Alles, aber auch wirklich alles, was Ihnen widerfährt, können Sie nur erleben, weil Sie selbst es in Resonanz versetzen. Von nun an gibt es in Ihrem Leben keine Projektion mehr. Es ist Ihnen klar: »Wenn ich etwas erlebe, bin ich es selbst. Will ich es anders erleben, kann *ich* mich ändern. Will ich eine andere Welt erleben, kann ich meine eigene Welt der Emotionen klären.«

Sobald Sie erkennen, dass nur Sie selbst sich, Ihre Emotionen, Ihre Weltsicht und Ihr Verhalten verändern können, und diese tief greifende Erkenntnis in Ihrem Leben auch wirklich umsetzen, halten Sie den einzigen Schlüssel in der Hand, mit dem Sie letztlich die ganze Welt verändern.

Welche Möglichkeiten von Resonanz gibt es in Ihrem Leben?

Es gibt nur Sie!

Die Erkenntnis der Resonanztheorie können Sie einfach in Ihr Leben integrieren. Zunächst kommt es darauf an, Ihre Umgebung bewusster wahrzunehmen und Ihren eigenen Gefühlen wieder zu trauen. Das, was Sie fühlen, ist immer richtig, kein anderer kann Ihre Gefühle beurteilen, trauen Sie sich! Wahrnehmungen heißen Wahrnehmungen, weil das, was Sie spüren, für Sie wahr ist.

So bekommen Sie, oberflächlich betrachtet, einen Zugang zur Gestaltungskraft Ihrer Aura. Denn alles, was Sie erleben, geschieht aufgrund Ihrer Ausstrahlung, Ihrer Strukturen und der Blockaden im Energiefeld. Alle Ihre Reaktionen und Gefühle sind Folge einer Resonanz Ihrer Umgebung. Sie sind in ständiger Interaktion, gestalten Ihr Umfeld und nehmen das Ergebnis in Form von Erlebnissen und Begegnungen wahr.

Die Resonanzbetrachtung beginnt mit der Wie-Resonanz: Sie nehmen zunächst Ihre eigenen Empfindungen als Interaktionen wahr.

Danach steigen Sie tiefer in die Thematik ein und erkennen sich in der Warum-Resonanz, die auf die konkreten Strukturen hinter Ihren Empfindungen verweist.

Die direkte Resonanz lässt sich sehr einfach erkennen, während zum Selbst-Erkennen bei der verdeckten Resonanz ein wenig Übung nötig ist.

Die Wie-Resonanz

Bei der Wie-Resonanz geht es darum, sich bewusst zu machen, wie die Verhältnisse in Ihrem Leben sind: Wie ist Ihr Umfeld, wie sind Ihre Mitmenschen, welche Erfahrungen machen Sie, welche Begegnungen haben Sie?

Die Wie-Resonanz zeigt Ihnen das Ergebnis der gestaltenden Kraft Ihrer Aura.

Die Wie-Resonanz beschäftigt sich nicht mit den Fragen nach den Gründen und Ursachen, sondern beobachtet nur das Ergebnis. (Das Hinterfragen geschieht nachfolgend bei der Warum-Resonanz.)

Beispiele für Wie-Resonanzen:

Sie fühlen sich heute wertlos, möchten sich zurückziehen oder weglaufen.
Sie haben Schmerzen im linken Knie.
Sie haben eine starke Übelkeit.
Sie haben eine Autopanne.

Sie haben den Zug verpasst.

Sie wurden nicht zum Silvesterball eingeladen.

Ihr Ehemann hat den 20. Hochzeitstag vergessen.

Solche banalen alltäglichen Begebenheiten sollen eine Aussagekraft haben?

In der Tat ist es so, dass die Menschen solche Vorgänge bisher nicht weiter beachten oder sie als Zufall, Missgeschick oder Missachtung beurteilen. Sie bringen solche Vorgänge nicht mit sich in Verbindung, sondern suchen die Schuld im Außen. Es findet sich immer ein Grund, dem man die Schuld geben kann: Die Migräne, eine Überlastung, ein Virus, ein alter Autoreifen, eine leere Batterie in der Armbanduhr, mangelnde Wertschätzung eines anderen.

Solange Sie den Zusammenhang zu der Gestaltungskraft Ihres Energiefeldes nicht kennen, sind Sie Opfer solcher Zufälle und äußeren Ereignisse.

Deshalb stellt die bewusste Beschäftigung mit der Wie-Resonanz den Einstieg in das Verstehen der Zusammenhänge und in die aktive Daseinsgestaltung dar.

Die Wie-Resonanz übt auf Sie eine Wirkung aus und ruft in Ihnen eine entsprechende Reaktion hervor. Sie ist deshalb nicht so banal, wie Sie auf den ersten Blick gedacht haben. Ihre Reaktion schafft in Ihrem Umfeld

die nächste Reaktion, die auf Sie wiederum eine Wirkung ausübt.

Die Warum-Resonanz

Diese Art der Resonanz hinterfragt die Strukturen in
Ihrer Aura. Sie gibt sich nicht mit einem WIE zufrieden,
sondern will wissen, warum Sie erleben, was Sie erleben und warum Sie so fühlen, wie Sie fühlen.
Die Strukturen in Ihrer Aura gestalten die Ereignisse und
führen Sie mit bestimmten Personen zusammen, um Sie
auf Ihre Emotionen aufmerksam zu machen. Es ist wichtig, diese Strukturen anzuschauen, damit Sie in Zukunft
nicht immer wieder die gleichen Ereignisse in Ihrem Leben manifestieren. Sie können aus den Resonanzen lernen und den Hintergrund Ihrer Gefühle und Verhaltensweisen verstehen, um Ihre Zukunft zu verändern.

***In Weiterführung der Beispiele zur Wie-Resonanz
könnten die Warum-Fragen so lauten:***

Warum fühlen Sie sich heute wertlos und wollen weglaufen? Hängt das mit dem Besuch der Schwiegermutter zusammen? Welche alten Gefühle sind es, die sie in Ihnen
anregt? Stellt sie Sie in Frage? Woher in Ihrem Leben ist
Ihnen das bekannt?

Warum schmerzt Ihr Knie? Hängt das mit dem Besuch bei der Verwandtschaft zusammen. Was ist mit dem Besuch? Kommen Menschen, mit denen Sie noch etwas zu klären haben? Wollen Sie sich davor drücken, etwas zu besprechen?

Warum ist Ihnen übel? Hängt das mit dem Besuch des Freundes Ihres Ehemannes zusammen? Warum gehen Männer so geringschätzig mit Ihnen um, wie es Ihr Mann tut, wenn er Besuch hat? Kennen Sie dieses Verhalten von Ihrem Vater? Haben Sie damit eine demütigende Erfahrung gemacht?

Warum haben Sie ausgerechnet heute eine Autopanne, wo es doch so wichtig wäre, Ihre Tochter zur Springreiterprüfung zu fahren? Warum sind Sie eifersüchtig auf Ihre Tochter? Weil Sie früher nie reiten durften und es Ihren Eltern zu teuer war?
Wie alt waren Sie, als Sie reiten wollten? Warum haben Sie seitdem das Gefühl der Wertlosigkeit, immer wenn Ihnen ein sehnlicher Wunsch verwehrt wird?

Warum haben Sie den Zug verpasst? Das geschieht Ihnen sehr selten. Hängt das mit dem Klassentreffen heute Abend zusammen, zu dem Sie eingeladen sind? Gehen Sie gerne dorthin? Oder haben Sie eigentlich keine Lust, jedoch keinen geeigneten Grund, um abzusagen?

Warum wurden Sie zum Silvesterball der Firma nicht eingeladen? Hat der Chef Sie vergessen? Wurden Sie schon des Öfteren übersehen? Warum essen Sie, wenn Sie sich nicht gesehen fühlen? Hängt damit Ihr Übergewicht zusammen? Sie nehmen sich selbst und Ihre Gefühle nicht wahr. Immer wieder haben Sie solche Chefs. Hat Ihr Vater Sie gesehen und ernst genommen?

Warum hat Ihr Mann den Hochzeitstag vergessen? Ist Ihnen Ihre Ehe selbst nicht mehr wichtig? Warum haben Sie geheiratet? Was hat Sie in Ihrer Ehe so sehr enttäuscht?

Ihr gesamtes Leben ist in Ihrem Energiefeld gespeichert. Jedes Ereignis in Ihrem Leben hat eine Struktur im Energiefeld hinterlassen. Jede Struktur im Energiefeld ist ursächlich für ein Gefühl oder für Emotionen.
Mit diesem großen, komplexen und nicht materiell sichtbaren Energiefeld stehen Sie vor der Welt wie vor einem Spiegel. Sie sehen in Ihrer Umwelt, in allen Menschen und Begebenheiten jede der Strukturen Ihres Energiefeldes in materieller Form.
Jede Begegnung mit einem Menschen stößt in Ihrem Energiefeld an eine Struktur, die eine Emotion auslöst. Emotionen sind immer Erfahrungen aus der Vergangenheit.

Alle Emotionen werden zu Ihrer Realität, solange sie als Struktur in Ihrem Energiefeld vorhanden sind.

Die bewusste Betrachtung dieser Resonanzen mit der Wie-Frage und ihre Ergründung mit der Warum-Frage sind Ihre Möglichkeiten, Ihre Realität zu erkennen und zu verändern.

Falls Sie sich diese Fragen nicht sofort selbst beantworten können oder Hilfe beim Finden der Antworten benötigen, lesen Sie bitte die Ausführungen zu den sinnanalytischen Aufstellungen in diesem Buch.

Die direkte Resonanz

Alles in Ihrer Umgebung, die Menschen, Dinge und Ereignisse, sind Schwingungen in Ihrem eigenen Energiefeld. Alles was Sie in Ihrem Umfeld und an Ihren Mitmenschen negativ emotional berührt, zeigt Ihnen Verhaltensweisen oder Charakterzüge, die Sie an sich selbst nicht mögen.

Sie lehnen diese Verhaltensweisen an sich selbst ab, und aus diesem Grund kritisieren Sie das Verhalten bei einem anderen Menschen. Die Ablehnung hilft Ihnen in Ihrer persönlichen Entwicklung allerdings nicht weiter. Es kommt immer wieder eine neue Situation mit gleichem Verhalten anderer Menschen auf Sie zu, und Ihre Ablehnung wird immer stärker. Alles was Sie ablehnen, tritt immer stärker in Ihr Leben, damit Sie es sich anschauen und verändern können.

Zur direkten Resonanz gehören alle Lebenszusam-
menhänge in Ihrem Alltag, die Sie in irgendeiner
Weise gefühlsmäßig berühren und bei denen Sie
sofort erkennen, dass es ein Verhalten ist, das Sie
an sich selbst nicht ausstehen können.

Die Resonanzen, die bei Ihnen auf diese Weise angeregt werden, bergen eine große Chance zur persönlichen Entwicklung.

Schauen Sie sich das Verhalten der anderen Menschen nicht ablehnend, sondern liebevoll an, wird es Ihnen nach und nach möglich, die Menschen zu akzeptieren oder sie gar in ihren Eigenheiten zu lieben. Je mehr das gelingt, umso mehr können Sie dann sich selbst kennen und lieben lernen. So finden Sie einen Weg, sich selbst durch Erkenntnis im anderen anzunehmen.

Beispiel:
Ihr Partner ist furchtbar bequem und hängt lieber vor dem Fernseher ab, als Ihnen im Haushalt zu helfen. Sie ärgern sich furchtbar und stoßen den Staubsauger beim Saugen an die Wand, räumen gehetzt die Spülmaschine aus, eine Tasse fällt herunter und Sie ärgern sich bis hin zu Trennungsgedanken.
Ist Ihnen schon einmal die Idee gekommen, dass Sie selbst vielleicht jetzt auch gerne vor dem Fernseher entspannen würden? Woher kommt der Drang aufzuräumen? Wer

will es so aufgeräumt haben? Kann es sein, dass es Relikte aus Ihrer Kindheit sind, die Sie hier jetzt an Ihrem Partner ausleben?

Wenn Sie das Gefühl bekommen, für sich selbst aufzuräumen, weil Sie selbst es gerne aufgeräumt haben, um sich wohlzufühlen, dann tun Sie es mit Liebe. Das Aufräumen macht dann Spaß, und es geht einfach von der Hand. Das Ergebnis davon ist, dass Sie keinen Vorwurf gegenüber dem Partner hegen.

Ist dies nicht der Fall, überprüfen Sie den Grund der Putzwut und lassen Sie die Projektion auf Ihren Partner los. Er ist nicht der Grund, er ist nur der Auslöser, der Sie auf Sie selbst hinweist.

In Ehen und Beziehungen drehen sich die meisten Streitpunkte, Ablehnungen und Trennungen um solche Themen. Projektion, von morgens bis abends.

Die direkten Resonanzen sind sehr leicht zu erkennen. Alles, was Sie über andere Menschen negativ berichten, erzählen Sie über sich selbst. So einfach ist das.

Die verdeckte Resonanz

Sie werden nun sicher zu bedenken geben, dass das bisher vorgestellte Spiegeln ja wohl nicht wahr sein kann. So arrogant wie Ihre Nachbarin sind Sie selbst ganz sicher nicht.

Dies ist ein Beispiel für verdeckte Resonanz.

Sie gestehen sich selbst bestimmte Verhaltensweisen nicht zu, die Sie verdecken möchten, weil Sie sie als nicht gut ansehen oder sie Ihnen aberzogen worden sind.

Im Beispielsfall mit der arroganten Nachbarin finden Sie es ganz schlimm, arrogant zu sein. Sie sind der netteste Mensch der Welt und Everybodys Darling, aber innerlich wären Sie auch gerne selbstbewusst oder überheblich. Sie gestehen es sich nicht zu, weil es Ihnen schon früh in der Erziehung abgewöhnt wurde. Deswegen ärgern die arroganten Menschen Sie sehr und Sie verurteilen ihr Verhalten und bekommen von der gesamten Umgebung Zustimmung. Zustimmen können dabei nur die Menschen, die selbst ebenfalls ein Problem mit der Arroganz haben.

Was ist nun mit den arroganten Menschen selbst? Sie halten sich zunächst mal nicht für arrogant, denn sie sind, wie sie sind. Sie beneiden oder hassen jedoch vielleicht solche netten Leute wie Sie, die überall Freunde haben, während sie selbst oft Ablehnung und Ärger begegnen. Sie haben die Arroganz als Modell für ihr Leben entwickelt, weil sie es so gelernt haben und weil sie sich dahinter wie hinter einem Schutzschild verstecken können oder weil sie glauben, einen Vorteil davon zu haben.

Es ist zwar nicht verwerflich, an anderen etwas auszusetzen, was Sie selbst nicht mögen. Das bringt Sie allerdings nicht weiter, sondern bestätigt Sie in dem Zustand, in dem Sie heute leben. Sie können die Beobachtung im Spiegel des Lebens jedoch als Chance nutzen, sich selbst besser kennenzulernen. Erleben Sie das Leben von nun an nicht in Verurteilung und Abgrenzung sondern nutzen Sie es zu Ihrer Entwicklung.

Die Resonanzen im Alltag

Der Spiegel kann nur das zeigen, was vor ihm steht.

Das Spiegelbild

Wie-Resonanz

Sicherlich haben Sie einen schönen großen Spiegel zu Hause. Stellen Sie sich davor, so wie Sie sind. Schauen Sie in den Spiegel, ohne zu bewerten. Es geht nicht um Schönheit. Pickel oder zerzauste Haare sind momentan uninteressant.

Schauen Sie einfach in den Spiegel: Das sind Sie! Das ist Ihre materielle Verwirklichung auf der Erde.

In Ihrem Spiegelbild kommt alles zum Ausdruck, wer Sie in diesem Augenblick sind und was Sie ausstrahlen. Sie können das Spiegelbild anlachen, Sie können grimmig blicken, Sie können weinen – das Spiegelbild gibt all das wieder. Das Spiegelbild fügt nichts hinzu und lässt nichts weg, es gibt das wieder, was ist. Deshalb ist das Spiegelbild für Sie sehr wertvoll. Sie können daran einfach erkennen, wer Sie sind.

Machen Sie sich bewusst, dass das Spiegelbild mehr wiedergibt, als Sie auf den ersten Blick sehen. Es gibt wieder, was Sie in der Hosentasche haben. Sie sehen dies zwar nur als kleine Beule, es ist jedoch etwas da und Sie wissen genau, was dort ist.

Es gibt auch wieder, was Sie unter der Kleidung haben. Sie sehen hier zwar nur Ihre Körperformen, Sie wissen jedoch ganz genau, was dort andeutungsweise sichtbar ist.

Es gibt wieder, was Sie fühlen. Sie sehen zwar nur traurige Augen und hängende Mundwinkel, Sie wissen jedoch ganz genau, was sich darin zeigt.

An den Händen sehen Sie die Haut und Sie wissen ganz genau, dass darunter Muskeln, Knochen, Sehnen und Blutbahnen sind. Die auf den ersten Blick sichtbare Oberfläche wird gestützt durch das nicht Sichtbare, das darunter liegt. So wie die Spitze des Eisberges nur sichtbar sein kann, weil ein riesiges Volumen darunter existiert, können Sie im Spiegel die äußere Erscheinung nur deshalb sehen, weil Milliarden von Körperzellen im Verborgenen dafür sorgen, dass die kleine Oberfläche sichtbar wird.

Sie können in Ihrem Spiegelbild Ihren derzeitigen Lebenszustand betrachten. Machen Sie das einfach mal aus Neugier, ohne zu bewerten. Nehmen Sie nur wahr und betrachten Sie damit Ihre Wie-Resonanz. Mit etwas Übung schaffen Sie es, sich neutral zu betrachten, ohne an den Wimpern zupfen, den Lippenstift nachziehen oder die Haare ordnen zu müssen. Sie schaffen es, sich zu betrachten, ohne sich abzuwerten, ohne sich für hässlich oder unfähig zu halten und ohne sich mit anderen zu vergleichen.

Warum-Resonanz

Sie sehen im Spiegel Ihre materielle Verwirklichung auf der Erde. Ohne den Körper, den Sie sehen, könnten Sie nicht materiell leben. Sie wären als Energiewesen im Universum vorhanden, jedoch nicht als Mensch in einem Körper auf der Erde.

Warum sind Sie, wie Sie sind?
Das individuelle Aussehen Ihres Körpers hängt mit Ihrer seelischen Lebensplanung zusammen. Sind Sie kräftig, robust, durchsetzungsfähig, kämpferisch oder zart, sensibel und zurückhaltend?
Im Alltag hören Sie von allen Menschen aus Ihrer Umgebung, wie unzufrieden sie über diese oder jene Besonderheit ihres Körpers sind. Die Nase, die Ohren, das schüttere Haar, die Neigung zu Pickeln, die im Vergleich zum Oberkörper zu kurzen Beine, all dies hat einen Grund und wurde so geplant. Anstatt über die eigene Planung zu jammern und sie durch Schönheitsoperationen zu verändern, sollte die Frage gestellt werden, warum das Aussehen so ist wie es ist.
Das Jammern über das eigene Aussehen führt zur Ablehnung des eigenen Körpers. Dies führt zur Abkap-

selung von Energie, die fortan nicht mehr zur aktiven Gestaltung zur Verfügung steht.

Die Frage nach dem Warum führt ein Stück weit hin zum Erkennen des eigenen Wesens. Dort ist der Quell der Lebenskraft.

Ein Überblick über den Körper und seine Erkrankungen unter dem Gesichtspunkt der Resonanz

> *Der Körper hat nur dann ein Symptom, wenn unsere Energien blockiert sind.*

Heute ist wieder so ein Tag ... mein Rücken tut weh und ich kann mich nach dem Duschen kaum abtrocknen. Jede Bewegung schmerzt. Langsam gehe ich in die Küche und hoffe, dass niemand mehr etwas von mir will. Noch drei Wochen, dann habe ich Urlaub. Bis dahin ist die Kollegin weg und der Praktikant kann nicht allein im Büro sein.

Ich trinke meinen Kaffee und ziehe heute die Schuhe an, in die ich ohne mich zu bücken hineinkomme. Ruhe wäre gut, jedes Geräusch stört mich. Kurz ein Blick in die Zeitung. »In den ersten drei Monaten des Jahres 2009 gab es trotz großer Grippewelle weniger Krankmeldungen«, melden die Firmen. Aber wer kann es sich schon leisten, krank zu werden? Klar, jeder hat Angst um seinen Arbeitsplatz, da nimmt man die Schmerzen einfach mal hin oder geht mit Medikamenten versorgt ins Büro. Mache ich doch selbst auch.

Letzte Woche noch hat der Chef mir gesagt dass es ihm leid tue, dass ständig noch mehr Überstunden anfallen. Immerhin hat er die andere Kollegin schon entlassen. Wenn die älteren Angestellten halt nicht mehr so belastbar sind ... Es gibt viele junge Leute auf der Straße die auf einen Job warten. Ok, die sind noch unerfahren, aber man kann sie besser formen und ist sie schneller wieder los, wenn die Chemie nicht stimmt. Ich brauche das Geld, da macht man sich dann eben mal krumm dafür.

Ich nehme mein Schmerzmittel, vorsorglich heute mal zwei Tabletten. Schon beim Schminken vor dem Spiegel spüre ich, wie der stechende Schmerz im Rücken langsam nachlässt. Nach einigen Minuten kann ich wieder durchatmen, ab ins Auto, na also, geht doch. Hoffentlich halten die Tabletten bis heute Abend, es wird sicher wieder spät.

Habe ich mir mein Leben so vorgestellt?

Lassen Sie uns jetzt eine Ebene tiefer schauen: Was haben Ihnen Ihre Krankheiten zu spiegeln?

Zunächst hilft es, bei jeder Erkrankung anzuschauen, was ihre direkten, praktischen Auswirkungen sind und vor allen Dingen, worin der direkte Nutzen der Erkrankung besteht – denn einen solchen hat jede Erkrankung. Ansonsten würde er die Erkrankung nicht als seinen Weg wählen.

Das bedeutet, die Wie-Resonanz zu erkennen.

Eine Krankheit bringt uns immer einen Nutzen, auch wenn wir das nicht wahrhaben wollen.

Verhilft die Krankheit Ihnen zu einer langersehnten Auszeit, wie zum Beispiel bei einer Erkältung?

Gibt die Krankheit Ihrem Leben eine neue Richtung, wie zum Beispiel bei einer Allergie?

Verschafft die Krankheit Ihnen die Zuwendung, die Sie sich schon immer gewünscht haben, wie zum Beispiel bei einem Krankenhausaufenthalt mit viel Besuch und Anteilnahme?

Haben Sie keine Lust mehr zu leben und wollen sich auf diese Weise verabschieden?

Einige Antworten finden Sie leicht, weil sie sich aus Ihrem direkten Lebensalltag ergeben: Wenn Sie schwere Lasten heben müssen, bekommen Sie Rückenschmerzen.

Andere Antworten finden Sie nicht auf den ersten Blick: Wenn Sie keine schweren Lasten heben, sich regelmäßig bewegen und trotzdem Rückenschmerzen bekommen.

Bei der Betrachtung von Krankheiten werden Sie feststellen, dass tiefe Glaubenssätze in Ihnen und Ihren

Mitmenschen verankert sind. Niemand möchte wahrhaben, dass er selbst etwas mit seiner Erkrankung zu tun hat. Niemals hat eine Erkrankung in den Augen der Menschen einen Sinn. Sie ist schmerzhaft, bedrohlich, lästig, unangenehm und hinderlich. »Für Ihre Krankheit kann sie ja nichts« ist eine übliche Bemerkung. Damit wird dem körperlichen Symptom seine Aussagekraft genommen und der Mensch verliert einen seiner wichtigsten Wegweiser für seine Entwicklung.

Der nächste Schritt, sich diesem komplexen Thema anzunähern, ist der, sich die Organbedeutungen anzuschauen. Die in der Aura auftretenden Strukturen blockieren zunächst den Energiefluss in der Aura. Wird der Mensch durch diese emotionale Blockade nicht auf eine energetische Problematik aufmerksam, materialisiert sich die Blockade in der langsamsten Schwingung, dem Körper, und der Mensch wird krank.

Die kranken Organe oder die schmerzenden Gelenke sind nur ein Spiegel der Blockade im Energiefeld.

Eine körperlich spürbar gewordene Problematik hat bereits seit Langem in der Aura als emotionale Blockade existiert.

Da die Menschen die Zusammenhänge nicht mehr kennen, beachten sie den Zustand ihres Energiefeldes nicht und schenken den schon lange Zeit spürbaren Blockaden keine Beachtung. Die körperliche Erkrankung ist der materiell gewordene Hinweis auf die energetischen Blockaden.

Jedoch selbst bei akuten Erkrankungen werden die Zusammenhänge zwischen Ursache und Wirkung, zwischen energetischen Blockaden und Auswirkungen im Körper, nicht erkannt und beachtet. Würde man die Ursache im Energiefeld erkennen und bearbeiten, könnte die Erkrankung gehen.

So einfach kann der Umgang mit den Erscheinungen des Körpers werden, wenn auf die Wie-Resonanz gehört würde.

Wird aber nur oberflächlich am Organ und an den Symptomen gearbeitet, kann es nicht zur Heilung kommen. Stattdessen kommt es zu Risiken und Nebenwirkungen, zu Symptomverschiebungen und aufwendigen Therapiemaßnahmen.

Warum-Resonanz

Jedem Organ kann man in diesem Zusammenhang eine andere Grundbedeutung zuordnen. Bei der heilenergetischen Betrachtung von Krankheiten ist die Individualität des einzelnen Menschen von großer Bedeutung. Die Symptome oder Krankheitsbilder können durchaus bei verschiedenen Klienten übereinstimmen, der energetische Hintergrund oder die Blockade im

Energiefeld ist jedoch bei jedem Menschen anders. Hier geht es dann um die Klärung der Warum-Resonanz.

So kann die im Folgenden beschriebene Systematik – ähnlich einem Wegweiser – nur eine Grundlage für eine absolut individuelle Herangehensweise an Krankheitsbilder sein. Die Liste erhebt keinen Anspruch auf Vollständigkeit.

In jedem Fall können diese Hinweise nicht die Behandlung durch einen Arzt oder Therapeuten ersetzen. Aber sie können wertvolle Hilfen sein, um mit dem Patienten konkret über die eigentliche Ursache seiner Erkrankung zu sprechen.

Zunächst folgt ein grober Überblick über die grundsätzliche »Spiegelaussage« unseres Körpers.
In dem dann folgenden Teil werden einzelne Krankheitsbilder unter heilenergetischem Aspekt betrachtet. Bei jeder Art von Krankheit ist der energetische Fluss in der Aura in irgendeiner Form gestört. Von daher wird auch in den Aussagen zu den Krankheitsbildern immer wieder auf einen gestörten Fluss hingewiesen.

Körperteile und Organe

Arme

Meine Arme spiegeln mir, wie ich an meine Umwelt weitergebe, was ich in meinem Herzen fühle. Sie zeigen mir, welche Bewegung hin zu meinem Gegenüber mich schmerzt. Sie zeigen mir, wie offen ich die Welt in die Arme nehmen kann, und wie offen ich mich der Welt hingeben kann.

Augen

Meine Augen verbinden mein inneres Licht mit der Außenwelt. Durch meine Augen strahle ich nach außen und die Welt kommt als Licht in mich hinein. Die Augen zeigen mir, welches Bild ich von der Welt haben will. Sie verbinden meine Seele mit anderen Seelen. Sie erschaffen meine innere Welt durch meine eigenen Bilder.

Bauchspeicheldrüse

Meine Bauchspeicheldrüse spiegelt mir, welchen Raum die »Süße« in meinem Leben einnimmt. Sie zeigt mir, ob ich mein Leben genießen kann. Sie zeigt mir, ob ich gerne lebe und es mir selbst wert bin zu genießen.

Beine

Meine Beine spiegeln mir, welche Stellung ich im Leben habe und ob der Weg, den ich gehe, mir entspricht. Sie geben mir Standfestigkeit und Richtung. Sie geben mir Stabilität und Kraft, meinen Weg zu gehen.

Bindegewebe

Mein Bindegewebe spiegelt meine Elastizität im Leben. Es spiegelt mir meine Weichheit, aber auch meine Grenzenlosigkeit. Es lässt mich meine Verletzlichkeit spüren.

Blase

Meine Blase spiegelt meine nicht geweinten Tränen. Sie lässt mich meine Trauer, meinen Lebensschmerz, meine Einsamkeit fühlen.

Blut

Mein Blut ist die Energie, die mein Leben durchdringt und alles verbindet. Blut enthält alles, was ich brauche und was mich im Inneren verbindet und leben lässt. Es enthält alle Informationen über mich und ist der Stoff für Wachstum und Veränderung.

Brust

Meine Brust spiegelt mir meine weiche, mütterliche Seite. Sie lässt mich die Ruhe und die Fülle spüren. Sie spendet Leben und nährt die Basis.

Darm

Mein Darm spiegelt mir, wie ich die Dinge des Lebens aufnehme und abgebe, was das Energiefeld oder der Körper nicht benötigt. Er zeigt mir, wie ich denke und wie meine Gefühle mit meinen Gedanken zusammenarbeiten. Er zeigt mir meine Ängste und mein Vertrauen.

Ellbogen

Mein Ellbogen spiegelt mir meine Durchsetzungskraft und den Umgang mit Veränderungen im Leben. Er zeigt mir die Sensibilität im Umgang mit meinen Mitmenschen.

Fett

Mein Fett spiegelt mir meine Polster und meine Weichheit und zeigt, dass ich Gefühle festhalten möchte. Ich brauche es, wenn mir das Vertrauen fehlt. Es ist Ausdruck von gestauter Energie.

Finger

Meine Finger spiegeln die Flexibilität im direkten Umgang mit anderen Menschen im Alltag.

Daumen

Mein Daumen ist wichtig, um festhalten und loslassen zu können im Leben. Er erzeugt den Druck, den ich machen kann.

Zeigefinger

Mein Zeigefinger stellt meine Verbindung oder Ablehnung zu anderen Menschen dar.

Mittelfinger

Mein Mittelfinger gibt meinem Leben Stabilität.

Ringfinger

Mein Ringfinger zeigt mir meine Sensibilität und Gefühle im Leben.

Kleiner Finger

Mein kleiner Finger steht für die Verbindung mit meiner Familie.

Füße

Meine Füße spiegeln mir meine Beweglichkeit und Veränderungsfähigkeit, auch einmal einen neuen Weg einschlagen zu können. Sie verbinden mich mit der Welt und dem Boden. Sie geben mir die Basis für meine Aufrichtigkeit. Sie geben meinem Auftreten im Leben Kraft.

Gebärmutter   Meine Gebärmutter spiegelt mir meine
                       Kraft und meinen Ursprung. Sie verbin-
                       det mich mit allen Frauen und gibt mir
                       das Gefühl von Weiblichkeit. Sie kann
                       wachsen lassen und bedingungslos
                       nähren.

Gehirn   Mein Gehirn ist meine Lebenszen-
                       trale und Verbindung von Geist und
                       Materie. Alle Wahrnehmungen fügen
                       sich im Gehirn zu einem großen Bild
                       der Welt zusammen. Es ist Sitz meiner
                       Individualität.

Gelenke   Meine Gelenke spiegeln mir meine
                       Flexibilität in allen Lebensbereichen.
                       Sie zeigen mir meine Beweglichkeit im
                       Leben. Sie sind Grundlage für Rich-
                       tungswechsel und Veränderung.

Haare   Meine Haare spiegeln mir meine
                       Schönheit und Ausstrahlung, meine
                       Kraft. Sie sind Schutz und Antenne,
                       Verbindung und Abgrenzung gleich-
                       zeitig.

Hals

Mein Hals spiegelt mir meine Veränderungsbereitschaft. Er macht es möglich, Dinge von verschiedenen Seiten zu betrachten. Er trägt meine Individualität, meine Demut und meinen Stolz. Er stützt meine Persönlichkeit. Er führt alle wichtigen Körperbewegungen an. Er hilft bei der Orientierung.

Haut

Meine Haut spiegelt mir, wie weich ich der Welt begegne. Wie wirke ich nach außen, was nehme ich von außen an, wie anschmiegsam und flexibel bin ich? Ist mir die Welt angenehm oder lehne ich das Leben ab? Fühle ich mich wohl in meinem Leben?

Herz

Mein Herz ist mein Zentrum, mein Rhythmus, meine Fähigkeit zu geben und zu nehmen, meine Fähigkeit, in Fluss zu sein. Es nimmt alle Gefühle auf und bringt sie mit meinem Unbewussten in Verbindung. Hier fühle ich mein Selbst und kann auf die Eindrücke der Welt antworten.

Knie

Meine Knie spiegeln mir meine Bereit-
schaft zur Demut, anzuerkennen was
ist. Sie geben mir Geschmeidigkeit. Sie
geben mir Entspannung und Erholung.

Knochen

Meine Knochen sind die gesamten
Strukturen, die mich mit meinen
Ahnen verbinden. Sie bringen mir
Themen aus anderen Inkarnationen.
Sie sind langsamste Schwingung und
größte Stabilität zugleich.

Kopf

Mein Kopf steht für meine Spiritualität, mein Wesen, meine Verbindung
zu höheren geistigen Fähigkeiten. Er
drückt meine Individualität aus.

Leber

Meine Leber spiegelt meine Möglichkeiten, die Welt zu sortieren. Sie kann
gut und böse unterscheiden. Sie bringt
in den Körper, was ihm guttut.

Mund

Mein Mund spiegelt mir sowohl meine
materielle als auch emotionale Ausein-
andersetzung mit der Welt. Mein
Mund hilft mir bei der Verarbeitung.

Lunge

Meine Lunge spiegelt mir mein Bedürfnis nach Raum und Abgrenzung. Sie
verbindet mich durch den Atem mit
allem, was es gibt. Sie ist die Pforte,
über die ich mit der Welt in Verbindung stehe.

Magen

Mein Magen spiegelt meine Möglichkeit, Neues zu versuchen. Er macht
mich sauer oder süß. Er zerlegt alles,
was kommt, und nimmt es an oder
nicht. Er steuert meine Lust aufs Leben.

Nase

Meine Nase spiegelt mir meine Orientierung im Leben. Sie zeigt mir, wo
es hingeht. Sie zeigt mir, wann Ruhe
angesagt ist und wann mir die Umstände nicht passen.

Nieren

Meine Nieren spiegeln meinen Umgang mit meiner Trauer und emotionalen Verletzungen. Sie sind die
»Ausführer« des Herzens. Sie lassen
die Gefühle gehen oder halten sie fest.

Ohren	Meine Ohren spiegeln mir meine Möglichkeit, meine Weltsicht zu verändern oder in alten Mustern zu verharren. Ich kann hören und verbinde mich so mit der Umgebung. Sie schaffen mir Möglichkeiten.
Prostata	Meine Prostata spiegelt mir die Möglichkeit, meine Macht zu leben.
Rücken	Mein Rücken spiegelt mir meine Stabilität im Leben, meine Aufrichtigkeit, meine innere Haltung. Er schützt mich vor der Vergangenheit. Er ist Basis für Beweglichkeit.
Schilddrüse	Meine Schilddrüse spiegelt mir die Möglichkeit, meine Bedürfnisse auszusprechen und umzusetzen. Sie ist die Basis der Kommunikation.
Schultern	Meine Schultern spiegeln mir meine Fähigkeit, emotionale Belastungen zu tragen und Verantwortung zu übernehmen. Sie geben Stabilität und Kraft.

Zähne

Meine Zähne spiegeln mir meine Durchsetzung und meine Lebenskraft. Sie tragen alte Strukturen und helfen mir, mit dem Neuen klarzukommen.

Zehen

Meine Zehen spiegeln mir meine Orientierung in Raum und Zeit. Sie zeigen, ob ich mutig vorangehe. Sie geben meinem Leben Balance.

Krankheitsbilder

Auge

Die Augen sind die Pforten zu Ihrer Seele. Das einfallende Licht gibt Ihnen ein Bild der Welt und Sie strahlen Ihr inneres Bild durch die Augen nach außen. Schauen Sie einem Menschen tief in die Augen, berühren Sie seine Seele. Sie erkennen sein wahres Selbst und Sie selbst werden erkannt. Stimmt das zwischenmenschliche Verhältnis nicht, kann man dem Blick in die Augen nicht standhalten.

Die Augen vermitteln Ihnen auch eine Orientierung im Raum. Sie sehen schon von Weitem, wenn etwas auf Sie zukommt, und Sie können Zeit und Bewegung durch Ihre Augen wahrnehmen.

Die Augen sind bei Menschen nach vorne ausgerichtet, wir orientieren uns hauptsächlich in die Zukunft. Die Orientierung in Raum und Zeit ist am Augenstand abzulesen. So haben Tiere, deren Augen sich an den Seiten des Kopfes befinden, ein vollkommen anderes Zeitgefühl als wir Menschen.

Das linke Auge zeigt die Welt in ihrer weiblichen Energie, in den Emotionen und den sorgenden, intuitiven, fürsorglichen Bereichen und ist nach innen orientiert.

Das rechte Auge entspricht der männlichen Energie, alles was mit Verstand, Intellekt und Ratio zu tun hat, mit der Dynamik und Tendenz, in die Welt hinauszugehen.

Augenkrankheiten spiegeln Ihnen, dass Sie bestimmte Bereiche Ihres Lebens nicht sehen möchten oder verzerren.

Die entsprechende Fehlsichtigkeit zeigt Ihnen den Lebensbereich, auf den Sie Ihren Fokus richten sollten. Beschäftigen Sie sich mit dem Bereich intensiv, den Sie ohne Sehhilfe noch scharf sehen können. Das ist der Lebensbereich, der für Sie von Bedeutung ist.

Astigmatismus (Hornhautverkrümmung)	Ich bin zu neugierig, der Blick nach innen ist wichtig.
Blindheit	Ich fürchte mich, die Welt zu sehen.
Farbenblindheit	Mir fehlen die Farbe und Freude im Leben.
Grauer Star	Ich sehe meine Zukunft und den Tod mit Angst und Sorge.
Grüner Star	Ich weine die Tränen meines Lebens.
Kurzsichtigkeit	Ich habe Angst vor dem, was auf mich zukommt und will es nicht sehen.
Nystagmus (Augenzittern)	Ich versuche, vor Stress auszuweichen.
Schielen	Ich sehe meine Welt verzerrt, sonst kann ich sie nicht ertragen.
Weitsichtigkeit	Ich habe Angst vor Nähe und der Gegenwart.

ADS-Kinder

Ich habe als Erwachsener einen lebhaften, aktiven, emotionalen Teil von
mir abgespalten. Mein Kind übernimmt diese Abspaltung als Spiegel
für mich.

Allergie

Ich habe Angst vor dem Leben und lehne es ab. Alles, was auf mich zukommt,
ist mir zuviel. Es macht mir Angst und
bedroht mich. Ich habe soviel mit mir
selbst zu tun, alles andere, was von
außen an mich herankommt, wird mir
zu anstrengend. Ich will nicht mit allem
verbunden sein. Es macht mir Angst.

Alzheimer

Ich habe so viele Gefühle in meinem
Leben erlebt, die ich lieber vergessen
möchte. Die Eindrücke in meinem
Leben waren so gewaltig, dass sie mich
überfordern und mir Angst machen.
Ich will sie einfach loslassen. Ich gebe
meine Verantwortung für mein Leben
gerne ab. Ich will nicht mit anderen
Menschen in Austausch gehen.

**Aneurysma
(Erweiterung der
Schlagader)**

Ich fühle mich in dieser Welt fehl am
Platz, ich fühle mich zu sensibel. Ich
habe die Entscheidung, auf der Welt
zu leben, nicht in aller Konsequenz
getroffen. Ich halte mir ein Hintertür-
chen offen.

**Apoplex
(Schlaganfall)**

Ich stehe unter sehr großer emotionaler
Anspannung. Ich will etwas nicht mehr
hören oder sehen, mich nicht bewegen,
mich nicht zu etwas äußern oder etwas
nicht fühlen.

Arthritis

Die Gelenke sind akut entzündet und
verhindern meine Bewegung. Jede Bewegung bereitet mir großen Schmerz.
Es ist eine starke Ohnmacht, die mir
in den Knochen sitzt und mich selbst
zerstört. Ich fühle mich vollkommen
unbeweglich.

Arthrose

Die reibungslosen Verbindungen unseres Knochensystems
sorgen für eine fließende Bewegung im Leben. Wenn wir
unseren Gefühlen im Alltag keinen Ausdruck geben und
sie zurückhalten, werden wir immer steifer, bis hin zur Arthrose. Sie zeigt, dass schmerzhafte Reibung entsteht, die
wir schon lange Zeit mit uns herumtragen. Wir müssen die
Reibung, z. B. in Form von Wut oder Ohnmacht, wieder
zulassen und fühlen lernen, um die Bewegungen fließen
zu lassen. Wir sind schon viel zu lange über unsere Grenzen hinaus mit den gestauten Gefühlen unterwegs. Jetzt
blockiert der Körper weitere Bewegung.

Arthrose in Armen	Ich trage große emotionale Last auf meinen Schultern. Die Herzensenergie kann nicht frei fließen.
Arthrose in Wirbeln	Ich bin zu unflexibel in meiner emotionalen Haltung der Welt gegenüber.
Arthrose in Beinen	Ich bin emotional zu starr auf meinem eingeschlagenen Weg.
Bandscheibenvorfall	Der Druck der Umgebung ist mir zu hoch. Ich will nicht mehr! Ich breche unter der Belastung zusammen.

Bechterew

Ich bin unflexibel im Denken. Ich blicke nur auf mich selbst. Ich bin nicht in meiner Kraft. Aufrichtigkeit fällt mir schwer, ich belüge mich selbst.

Beine (offen)

Ich stehe nicht bewusst in meinem Leben. Mein Bewusstsein zieht sich aus meinem Körper zurück. Ich trete kürzer.

Beinlängendifferenz

Ich habe einen schrägen Stand im Leben. Mein Körper ist getrennt in die männliche und weibliche Hälfte. Auf diese Weise spiegelt mir der Körper die Differenz in meinem Gefühlsleben.

Bindegewebsschwäche

Ich habe das Gefühl, alles alleine machen zu müssen. Ich nehme nicht gerne Hilfe und Unterstützung an, fühle mich aber zu schwach, alles alleine zu tun. Ich gebe anderen die Verantwortung für mein Leid.

Blasenentzündung

Ich bin traurig, ich kann meine traurigen Gefühle und meinen seelischen Schmerz nicht äußern. Ich fühle mich nicht wahrgenommen.

Blasenschwäche

Ich kann meine Trauer über mein Leben im Augenblick nicht zurückhalten. Der Druck ist zu groß.

Blinddarm-entzündung	Ich fühle mich im Leben in einer Sackgasse. Das, was ich will, kann ich nicht leben, es stehen Hindernisse im Weg. Ich bin überfordert.
Blockierungen	Ich habe Angst, eine bestimmte Richtung einzuschlagen. Meine augenblickliche starre Haltung spiegelt mir, wohin ich ausgerichtet bin.
Burn-out-Syndrom	Ich stehe allen Menschen mit meiner Energie zur Verfügung, ich kann mich nicht abgrenzen, das macht mich immer schwächer. Jeder will etwas von mir und ich will überall dabei sein. Ich werde immer sensibler und immer angreifbarer. Ich habe keinen seelischen Puffer. Ich fühle mich dünnhäutig.
Darmverschluss	Ich kann nicht loslassen. Belastende Dinge behalte ich krampfhaft für mich. Ich habe Angst vor Veränderungen.
Demenz	Ich will mich am Leben nicht mehr beteiligen, ich ziehe mich zurück, mir ist alles zuviel. Ich gebe die Verantwortung ab.

Depression	Meine Energie hält der Energie von außen nicht stand. Ich fühle mich von der Welt erdrückt. Ich bin vor lauter Strukturen in meiner Aura vollkommen auf meine Selbstwahrnehmung reduziert. Ich halte das Leben nicht mehr aus.
Embolie	Ich habe große Angst vor Veränderung, der Energiefluss in mir ist gestört. Ich will mich meinen Aufgaben nicht stellen.
Epileptische Anfälle	Ich kann das Leben nicht annehmen, ich habe Stress mit Veränderungen, ich habe bestimmte Vorstellungen und Erwartungen vom Leben, jede Abweichung macht mir Probleme. Ich kann keine Extreme vertragen und brauche Ruhe und Gleichheit.
Erbkrankheiten	Ich habe mir eine besondere Beschränkung in meinem Körper gesucht, um meine Seelenkräfte wahrnehmen zu können.

Enzephalitis (Entzündung des Gehirns)
Ich habe Angst vor Kontrollverlust. Ich suche meinen inneren Frieden. Ich stelle mich nicht dem Leben. Ich würde gerne wieder gehen.

Diabetes Mellitus (»Zuckerkrank-heit«)
Ich leide unter der Härte des Lebens. Trennungen, Veränderungen, Trauer und Verlassenheit machen mir zu schaffen. Mir fehlt die angenehme Seite in meinem Leben. Ich habe Angst vor Ereignissen, denen ich nicht ausweichen kann, und ertrage sie.

Diphtherie
Ich habe Angst, meine Gefühle anderen mitzuteilen. Ich nehme mich zurück. Ich staue meine Empfindungen und schlucke sie runter.

Durchblutungs-störungen
Ich will bestimmte Bereiche des Lebens nicht mehr wahrnehmen. Ich habe zu wenig Energie, und Teile des Lebens sind mir nicht bewusst.

Ekzeme
Ich habe ein schlechtes Bild von mir, ich mag mich nicht und fühle mich nicht wohl in meiner Haut. Ich würde mich gerne häuten, ich mache durch Unruhe auf mich aufmerksam und suche eine neue Hülle.

Erkältungen

Mein Energiefeld ist nicht in seiner Kraft. Ich brauche eine Auszeit, um mich wieder stärken zu können. Ein Infekt zeigt mir meine energetischen Schwachstellen. Der Körper erneuert seine Zellen in kürzester Zeit. Er will vorübergehend Ruhe, um sich sortieren zu können.

Essstörungen

Ich lasse nicht genügend Energie zu oder halte sie fest. Ich bin nicht im Fluss, ich lehne fremde Schwingungen ab. Ich will nicht am Leben teilnehmen. Ich kann nicht für mich verantwortlich werden.

Fersensporn

Ich kann nicht stabil in meinem Leben stehen. Mein Standpunkt schmerzt. Ich habe nicht genug Kraft, mich durchzusetzen.

Fettsucht

Ich schaffe mir einen Schutzpanzer und verstecke dahinter meine Gefühle. Immer wenn ich fühle, kompensiere ich mit Essen.

Fibromyalgie (Weichteil- rheumatismus)	Ich will nicht die Verantwortung für mein Leben übernehmen. Ich stelle mich nicht den Anforderungen des Lebens und ziehe mich lieber zurück in den Schlaf.
Frakturen	Ich heile energetische Themen aus anderen Inkarnationen.
Gefäßverengung	Mein Leben fließt nicht. Ich habe Angst, und mein Lebensfluss wird unterbrochen. Ich habe keine Lust am Leben.
Gleichgewichts- störung	Ich verliere meine Orientierung. Ich lüge oder trage eine Lüge mit mir herum. Irgendetwas stimmt nicht in meinem Leben. Ich bin nicht im Gleichgewicht.
Halsschmerzen	Ich sage nicht, was ich denke. Ich schlucke meine Meinung runter. Ich kann meine Meinung nicht vertreten.

Haut

Die Haut ist die äußere Schicht des Körpers. Hier berühren sich Körper und Welt. Am Zustand der Haut kann ich sehen, wie ich mich in der Welt fühle. Bin ich mit mir im Reinen, ist meine Haut gesund und bildet einen guten Schutzmantel. Fehlt mir Energie, ist die Haut sehr anfällig. Sie kann spröde werden, wenn ich mich spröde fühle. Sie kann reißen, wenn ich unter Druck stehe. Sie kann sich entzünden, wenn ich mich im Ungleichgewicht fühle. Verletzungen der Haut, egal welcher Art, weisen auf einen Energiemangel in einer tieferen Körperschicht hin. Unter diesen Aspekt fallen auch Insektenstiche oder Tierbisse, durch die der Aura in bestimmten Frequenzen Energie zugeführt wird.

Heiserkeit

Ich habe zu viel gesagt, wo ich den Mund hätte halten sollen, ich habe jemanden mit meinen Worten verletzt. Ich bin erschöpft.

Herzinfarkt

Ich habe zu lange nicht auf meine Gefühle gehört. Mein Herz setzt mir eine Grenze. Mein Herz ist vor lauter zurückgesteckten Gefühlen hart geworden. Es ist abgestorben und gefühllos.

Herzschwäche

Ich traue mich nicht, zu meinen Gefühlen zu stehen. Ich nehme mir nicht den Raum, den ich brauche. Ich habe Angst vor Gefühlen.

Hexenschuss

Ich habe einem Menschen in meinem Umfeld durch einen Dünkel die Gelegenheit für Neid geboten. Seine Ablehnung trifft mich als Neidpfeil und setzt mich außer Kraft.

Hypochonder

Ich überbewerte meine Körperfunktionen. Mein Fokus ist auf Körperfunktionen gerichtet, die im unbewussten Bereich meiner Realität ablaufen sollten. Ich lebe nur meine materielle Ebene, ein geistiger Zusammenhang ist mir fremd. Mein Körper wird mir in aller Vergänglichkeit ständig bewusst.

Irrsinn

Mein Bewusstsein erlebt eine andere Realität. Ich habe die Orientierung in Raum und Zeit verloren. Ich will mich nicht hier im Leben einbringen. Ich habe Dinge erlebt, die mich flüchten lassen.

Kammerflimmern

Ich habe Lebensangst. Meine Gefühle machen mir Angst.

Kinderlähmung

Ich gehe nicht bewusst in mein Leben, ich habe Angst vor dem Leben und vor Veränderung. Ich traue mir nichts zu und würde mich lieber zurückziehen als meinen Weg zu gehen.

Koliken

Mein Körper setzt sich mit meiner geistigen Unbeweglichkeit auseinander. Ich versuche festzuhalten, was nicht zu halten ist. Mein Leben ist unbeweglich und festgefahren.

Koma

Ich will nicht leben und nicht sterben, ich habe Angst vor Leben und Tod. Ich will nicht verantwortlich sein.

Krallenzehen	Ich traue mir nicht zu, mein Leben zu gestalten. Ich lasse mich bremsen und nehme zu viel Rücksicht. Ich gehe nicht meinen Weg.
Krampfadern	Mein Lebensfluss ist gestaut. Ich lebe nicht mein Potenzial. Ich halte meine Kraft zurück.
Krebs	Ein Teil in mir setzt meinen inneren Aufstand um. Ich traue mich nicht, meine Kraft zu leben und bin resigniert. Ich will so nicht weitermachen und suche einen Ausweg.
Kreuzbandriss	Ich habe mich verdreht. Das ist nicht mein Weg. Mein Körper setzt mir deutliche Grenzen. Ich habe meine Grenzen überschritten.
Lähmungen	Ich habe Angst vor Veränderung. Die Erlebnisse meines Lebens halten mich zurück. Ich übernehme keine Verantwortung für meine Entwicklung.
Leberflecke	Ich bin kritisch mit meiner Umwelt. Ich kann nicht akzeptieren.

Legasthenie	Ich will nicht groß werden. Ich will meine Gefühle leben, aber nicht meinen Verstand. Ich bin überfordert.
Leukämie	Ich habe resigniert. Ich spüre nicht mehr die Kraft zu kämpfen. Ich kann lernen, mit dem Strom zu schwimmen, statt ständig dagegen.
Lichtempfindlich-keit	Ich lehne das Leben ab. Ich will nicht genau hinsehen.
Lungen-entzündung	Ich will mich von der Umgebung abtrennen und zurückziehen. Ich bin im Selbstmitleid. Mir ist es zu eng. Ich will keine Luft mehr bekommen. Ich ergreife meine Möglichkeiten nicht.
Mandel-entzündung	Ich will nicht mehr schlucken müssen, ich will etwas aussprechen und traue mich nicht. Ich fühle mich nicht verstanden. Ich bin wütend.
Masern	Ich lege mir eine neue Haut zu, ich komme richtig im Leben an und entscheide mich neu fürs Leben.

Menstruations-beschwerden	Ich empfinde meine Weiblichkeit und mein Frausein als schmerzhaft. Ich wehre mich dagegen und will nicht erwachsen werden.
Midlife-Crisis	Ich kann den Alterungsprozess meines Körpers nicht ertragen. Ich habe das Gefühl, das Leben verpasst zu haben. Ich habe riesige Angst vor dem Tod.
Migräne	Ich habe die Tendenz, mir um alles »einen Kopf zu machen«, meine Sexualität findet im Kopf statt. Ich lebe meine Lust nicht.
Morbus Crohn	Ich fühle mich nicht gut genug, ich fühle mich am falschen Platz und nichts wert in dieser Familie, ich habe Angst vor dem Leben. Ich fühle mich zu schwach, mein Leben zu leben.
Multiple Sklerose	Ich will das Leben nicht mehr sehen, nicht mehr fühlen und mich nicht mehr bewegen.
Mumps	Ich drücke meine Wut nicht aus. Ich halte meine Empfindungen zurück. Ich bin gestaut.

Muskelhartspann	Ich verharre in einer Situation. Ich bin nicht flexibel. Ich bin erstarrt vor Angst.
Nagel-erkrankungen	Ich setze meine Bedürfnisse nicht durch. Ich setze mich nicht für meinen Weg ein.
Nieren-erkrankungen	Ich lebe meine Trauer nicht. Das Leben geht mir an die Nieren, ich fühle das Leben ungerecht, ich fühle mein Leben vergiftet.
Ohnmachten	Ich ziehe mich einfach zurück und übernehme keine Verantwortung für meinen Zustand.
Ohren	Ich will mich nicht mit anderen Meinungen beschäftigen, mir ist es zu laut, zu viel, ich will und kann »es« nicht mehr hören.
Pankreatitis (Entzündung der Bauchspeichel-drüse)	Ich habe keine Annehmlichkeiten in meinem Leben. Ich will nicht mehr leben, mir macht das Leben keinen Spaß und es tut mir weh. Ich übernehme zu viel Verantwortung für andere Menschen.

Parasiten

Alle Arten von Parasiten kommen, um an meinem Körper einen Mangelzustand zu beheben. Sie kommen immer als Helfer und können nur da wirken, wo ich in meiner Aura einen energetischen Mangel habe. Angefangen von Bakterien bis hin zu Stechmücken, Ameisen, Motten, Läusen, Flöhen, Würmern, Zecken oder anderem Ungeziefer.

Durch ihr Einwirken kommt Energie an den Körperteil, dem Energie fehlt, meist durch Jucken, Kratzen, Vereiterung, Entzündung, Narbenbildung. Der Energiemangel liegt oft in tieferen Körperschichten und wird durch die Anwesenheit eines Parasiten behoben.

Parkinson

Ich will die Kontrolle loslassen, ich will die Starre in meinem Leben loslassen.

Prellungen

Mein Bewusstsein durchströmt nicht meinen gesamten Körper. Ich bin reduziert und verletzlich. Teile meines Lebens nehme ich nicht wahr oder blende sie aus.

Querschnitts-lähmung	Das Leben ist mir zu viel. Ich bin immer in meiner Absicht, ich lasse keinen Lebensfluss zu. Ich will alles kontrollieren.
Rücken-beschwerden	Meine Aufrichtigkeit ist infrage gestellt. Ich verdrehe mich, ich bin versteift auf etwas, ich bin unbeugsam, ich bin verklemmt, ich habe keine Lust mehr zu funktionieren.
Schmerzen	Mein Leben tut mir weh, ich kann mein Leben nicht genießen. Ich mache mir selbst großen Druck und habe hohe Erwartungen an mich. Ich kann und will die Last des Lebens nicht mehr tragen.
Schultersteife	Ich fühle mich bedrängt, ich trage große Lasten, ich bin bedrückt. Ich übernehme zu viel Verantwortung für alles.
Sensibilitäts-störungen	Ich bekomme zu viele Eindrücke von außen, ich sollte mich um meine eigenen Gefühle kümmern. Ich nehme die Welt wahr, aber nicht mich.

Skoliose **(seitliche Verbie-** **gung der Wirbel-** **säule)**	Ich winde mich aus der Verantwor- tung. Ich bin nicht aufrichtig. Ich stehe nicht meinen Mann. Ich weiche einem hohen Druck aus. Ich beziehe keine Stellung.
Stauchungen	Ich bin zu schnell. Die Zeit ist noch nicht reif. Ich bin zur falschen Zeit am falschen Ort.
Stenosen **(Verengung der** **Blutgefäße)**	Ich versuche festzuhalten, ich will kontrollieren. Ich habe kein Vertrau- en. Ich bin argwöhnisch und skep- tisch.
Stimmband- **knötchen**	Es fällt mir schwer, mich auf andere einzulassen. Ich bin spröde und fühle mich abgelehnt.
Stottern	Ich bin nicht im Fluss. Die Gedanken sind schneller als die Materie. Ein Ereignis hat mich aus der Bahn gewor- fen, ich komme nicht darüber hinweg.

Stummheit

Ich bin nicht bereit mich auszutauschen. Ich ziehe mich von den Menschen zurück. Ein Ereignis blockiert mich total. Ich habe Angst etwas auszusprechen. Eine Lüge verhindert, dass ich spreche.

Tränensäcke

Trauer begleitet mein Leben. Ich würde gerne leben, aber traue mich nicht. Ich kann nicht loslassen.

Trauma

Ein Ereignis hält mich in seinem Bann. Ich kann nicht loslassen. Ich ziehe mich aus Angst aus dem Leben zurück. Ich hänge fest an einem Schmerz. Ich habe energetische Abspaltungen, die mich fesseln. Ich kann und will nicht leben.

Tuberkulose

Ich will nicht mehr leben. Ich kann mich nicht abgrenzen. Das Leben nimmt mir die Luft, ich ziehe mich lieber zurück.

Ulcus cruris

Über nicht heilende Verletzungen oder Wunden wird einer tieferen Energieebene meiner Aura ständig Energie zugeführt. Ich sollte beachten und hineinfühlen, wo ich eine tiefe, alte, seelische Verletzung habe, die nicht heilen kann, weil sie mir nicht bewusst ist.

Unfruchtbarkeit

Ich will meine Geschichte nicht weitergeben. Ich habe Angst vor Entwicklung. Mein Bewusstsein kann sich nicht öffnen. Ich will mich nicht wirklich einlassen und verbinden.

Unterleibskrebs

Ich lebe meine Weiblichkeit nicht. Ich habe als Frau resigniert. Ich fühle mich abgelehnt und als Frau nicht wahrgenommen. Ich nehme mich selbst als Frau nicht wahr.

Varizen

(siehe Krampfadern)

Wahnsinn

Ich denke und sage oft im Leben, dass ich wahnsinnig werde. Ich materialisiere mir den Wahnsinn damit. Ich sehe Dinge aus einer anderen Zeit- oder Raumdimension.

Warzen	Ich habe einen Dünkel. Ich habe an einem Organ einen Energiemangel. (Hilfreich ist nachzuschauen, an welcher Akupunkturstelle die Warze sitzt.)
Wechseljahre	Alle Themen, die ich während der Pubertät mit meiner Weiblichkeit hatte, erlebe ich jetzt erneut. Alle Gefühle, die nicht gelebt wurden, kommen hoch und werden z. B. als Hitzewallungen unübersehbar. Ich übe loszulassen. Ich besinne mich auf meine Bedürfnisse. Ich fühle mich intensiv. Mein Körper verliert an Elastizität, ich werde weich. Mein Leben bekommt andere Schwerpunkte als früher.
Wehmut	Ich bin in einer tiefen emotionalen Ohnmacht. Ich fühle Selbstmitleid.
Windpocken	Ich bin von meiner Umgebung genervt. Meine Nerven wollen sich verändern. Ich will Ruhe und Zuwendung bekommen. Mein Gehirn verändert und entwickelt sich.

Wutausbrüche　　Wut ist große, als Ohnmacht gestaute Energie, die Raum sucht. Bei einem Wutausbruch entläd sich die Energie schlagartig. Was vorher Ohnmacht war, kippt um in Macht. Wutausbrüche stehen mit der eigenen Hilflosigkeit und Ratlosigkeit dem Leben gegenüber in Zusammenhang.

Zahnprobleme

Fehlstellungen　　Ich habe Orientierungsschwierigkeiten. Mir fehlt die Geradlinigkeit. Ich bringe viele alte Themen mit (nur individuell zu betrachten).

Karies　　Ich habe einen Mangel an meinem Herzen, ich fühle mich nicht geliebt oder liebe mich selbst nicht.

Parodontose　　Ich kann meine Lebensvorstellungen nicht umsetzen. Ich ziehe mich zurück.

Zerrungen　　Ich werde in die falsche Richtung gelenkt. Ich bin nicht in der Eigenverantwortung. Ich bin überstrapaziert.

chronische Beschwerden	Ich erlebe meinen Körper als reines Zufallsprodukt und sehe keinen tieferen Zusammenhang von Geist und Körper. Mein Körper zeigt mir ständig und ohne Unterbrechung meine falsche Lebenshaltung. Ich ändere über lange Zeit nichts an den Ursachen. Ich schaue nicht hin oder kann und will den Zusammenhang nicht erkennen. Ich habe resigniert. Ich bin nicht bereit, mich zu verändern. Ich nehme die Warum-Resonanz nicht wahr.
akute Beschwerden	Mein Körper weist auf eine aktuelle energetische Schwachstelle hin. Ich habe lange alle emotionalen Ankündigungen überhört. Ich nehme die Wie-Resonanz nicht wahr.
Unfälle	Können verschiedenste Ursachen haben, je nachdem, welche Schutzschicht der Aura betroffen ist. Unfälle können nur in der jeweiligen Situation mit jedem persönlich betrachtet und bearbeitet werden. Sie weisen immer auf einen akuten energetischen Mangelzustand hin.

Das Haus oder die Wohnung

Das Haus oder die Wohnung zeigt, wo ich an alten Strukturen verhaftet bin.

Heute ist Hausputz angesagt. Überall Staubwischen und den Boden gründlich reinigen. Die Fenster haben's auch nötig, mal sehen, wie viel ich schaffe.

Ganz schön anstrengend. Überall steht was rum. Diese ganzen Erinnerungsstücke aus den Urlauben, hier eine Vase aus Italien, damals waren wir noch glücklich, die Kinder noch klein und wir fuhren jedes Jahr nach Italien an den Strand. Irgendwann wurde es den Kindern langweilig und wir änderten die Pläne. Hier, die Fundstücke von römischen Ausgrabungen, Versteinerungen, Muscheln, das Deutsche Museum ist mit Fliegerbausätzen und Eisenbahnen auf der verstaubten Fensterbank vertreten. Damals sind Oma und Opa noch mitgefahren. Die haben dann auch bezahlt, war ganz schön billig so ein Urlaub.

Auf dem Regal die ganzen Familienbilder. Geburtstage, Hochzeiten, Opa beim 70-sten, Oma mit ihrem Chor, hier die Kinder, mein Gott, wie schnell die Zeit vergangen ist. Mein Mann war richtig attraktiv, als wir uns kennenlernten. Die vielen Grillfeste und Partys hinterlassen ihre Spuren.

Auf dem Schrank die alten Kaffeekannen von Tante Erna, Staubfänger.

Keiner mochte Tante Erna, sie hatte keine Kinder und war das schwarze Schaf der Familie. Auch schon wieder vier Jahre tot.

Das ganze Regal voller Bücher, der Staub zeigt mir, wie lange niemand mehr hineingeschaut hat. Die Kids kennen nur noch Internet. Bücher sind was für Dinosaurier. Von Wüste bis Gedicht, von Goethe bis Aldous Huxley ist alles vertreten. Keiner schaut rein, sie sind Zeugnisse alter Sehnsüchte und Vorlieben.

Die Teppiche weg zum Putzen, haben mir noch nie richtig gefallen. Meine Schwiegermutter hat sie uns geschenkt, vor 20 Jahren. Teuer waren sie, aber halt nicht schön. Der alte Glasschrank, voll mit Geschirr, das wir nicht mehr brauchen. Den Schrank hatte Opa abgebeizt damals, Sauarbeit. Oma hat noch Krach mit ihm gehabt, weil er den ganzen Garagenvorplatz verschmutzt hat. Tagelang habe sie nicht miteinander gesprochen. Solche Kräche haben sie ständig, bis heute. Opa kann es der Oma nie recht machen. Meist stand ich zwischen ihnen, als ich klein war. Eigentlich auch noch heute. Manchmal tut Opa mir richtig leid.

Wollte er so leben?

Unser ganzes Haus ist voll mit Erinnerungsstücken. Vieles gefällt mir überhaupt nicht, vielleicht hat es mir nie gefallen. Das habe ich mich noch nie richtig gefragt.

Das ganze Haus ist inzwischen unpraktisch. Das Wohnzimmer ist riesengroß, aber mir fehlt ein gemütliches Lese- oder Malzimmer für mich. Mein Mann ist eh mehr auf seinem Fahrrad oder im Keller in der Werkstatt.

Im Wohnzimmer treffen wir uns nur noch selten, wenn Besuch kommt. Die Arbeit im Garten macht mir inzwischen auch mehr Mühe als Freude. Früher, als die Kinder klein waren, da war der Garten prima, aber jetzt? Nur Arbeit und nur für mich!

Habe ich mir mein Leben so vorgestellt?

Betrachten Sie Ihr Umfeld, als würden Sie in einen Spiegel schauen. Ihr Umfeld zeigt Ihnen auf direktem Weg, wer Sie sind, was Sie sind und wie Sie sich im Leben ausdrücken. Nehmen Sie Ihre Umgebung zunächst ganz einfach mit der Frage »*Wie sieht die Umgebung aus?*« wahr.

Fangen Sie mit materiellen Dingen an. Blicken Sie auf Ihr Haus. Es ist Ihr Zuhause und wurde von Ihnen bewusst als Heimat gewählt. Sie legten bestimmte Maßstäbe an und entschieden sich danach ganz bewusst für dieses Haus. Es ist so groß, wie sie es damals wollten und steht an dem Ort, für den Sie sich entschieden. Die Lage und Größe der Zimmer entsprach Ihren Vorstellungen. Die Größe der Fenster, die Art der Heizung und die elektrische Ausstattung entsprachen Ihren Wünschen.

Wenn Sie das Haus selbst gebaut hatten, legten Sie die Ausrichtung nach den Himmelsrichtungen fest, die Art der Zufahrt, die Größe der Garage, die Gestaltung des Gartens.

Falls Sie Schwierigkeiten hatten, Ihre Vorstellungen zu verwirklichen, weil die örtlichen Bauvorschriften Sie einschränkten, so zeigt sich auch dies in dem fertigen Gebäude. Sie haben vielleicht Kompromisse in Kauf nehmen müssen. Dadurch entstand womöglich eine ungeliebte Ecke, die heute noch durch ihre Nutzung davon erzählt, dass Sie diese Ecke nicht gewollt hatten.

Die Fliesen und Tapeten in Ihrer Wohnung erzählen von Ihren Lieblingsfarben und Mustern. Die Vorhänge zeigen, ob Sie verspielt oder geradlinig sind, ob Sie sich gerne von der Umwelt abschotten oder offen sind für Blicke nach draußen und nach drinnen. Die Möbel, die Einrichtung, die Teppiche und Bilder, sie alle erzählen etwas über Sie.

Der Inhalt Ihrer Schränke erzählt Geschichten über Ihr Leben. Welche Kleider gefallen Ihnen? Sind Sie der englische Landlord, der Dandy, der Draufgänger in Lederkleidung, der ländlich orientierte Trachtenträger, der einfache Durchschnittsbürger, der unauffällige Mensch, der nicht gesehen werden möchte, der Sparsame, der Modebewusste, der Markenliebhaber?

Hängen Sie an alten Gewohnheiten? Bewahren Sie Gegenstände lange auf?

Sind die Schränke wohlgeordnet und regelmäßig gepflegt oder deuten sie darauf hin, dass Sie sich nicht so gerne mit dem Sortieren und Aufbewahren beschäftigen?

Falls in Ihren Schränken Bücher sind, erzählen diese von Ihren Vorlieben und von Ihrer Lebensanschauung. Sind dort viele esoterische oder religiöse Bücher, Romane oder Sachbücher, Geschichts- oder Science-Fiction-Bücher? Ihre Bücher erzählen, ob Sie gerne reisen oder angeln oder Auto fahren, ausführlich kochen oder Fastfood bevorzugen.

Sind in Ihrem Haus viele abgeschlossene Schränke, Schubladen und womöglich sogar ein Tresor?
Schließen Sie jeden Abend mit Einbruch der Dunkelheit die Rollläden und ziehen Sie sie früh morgens wieder hoch?
Stehen Zwerge in Ihrem Vorgarten oder steht die Harley Davidson vor dem Haus?

Sie können dies alles mit wachen Augen betrachten und sich die Geschichte Ihres Lebens erzählen lassen. Sie lernen sich selbst, Ihren Charakter, Ihre Erlebnisse, Ihre Vorlieben neu kennen.

Alles was Sie sehen, ist Ausdruck Ihrer selbst und Ihres Lebens.

Entspricht Ihnen das, was Sie sehen, heute noch? Sind Sie glücklich und zufrieden, so wie es ist?
Bei diesen Fragen werden Sie zunächst sagen, es sei alles genau richtig, so wie es ist.

Auf den zweiten Blick werden Sie jedoch denken, Sie hätten lieber einen Teich im Vorgarten als Zwerge. Sie werden sich wieder einmal vornehmen, die alten Kleider aus den Schränken zu entsorgen, die so viel Platz einnehmen, dass Sie nichts Neues hineinhängen können. Sie werden denken, dass das damals für zwei Erwachsene und vier Kinder konzipierte Haus viel zu groß ist, nachdem die Kinder ausgezogen sind. Sie werden feststellen, dass Sie längst nicht mehr dem Impressionismus zugeneigt sind und die Bilder an der Wand seit Jahren nicht beachtet haben.
Es wird Ihnen klar, dass Sie sich in Ihrer Umgebung nicht mehr wiederfinden, dass Sie hängengeblieben sind in einer Zeit, die längst vergangen ist. Gleichzeitig wird Ihnen klar, dass Sie sich wohler fühlen würden, wenn Ihre Wohnung Ihren heutigen Wünschen entsprechen würde.

Die Resonanz, die Ihnen Ihr Haus oder Ihre Wohnung zeigt, sagt Ihnen alles über Ihr Leben und über Ihre Strukturen in Ihrem Energiefeld.
Im nächsten Schritt können Sie Ihr Haus unter den Aspekten der »Warum«-Fragen anschauen. Dann bekommen Sie einen tieferen Einblick in Ihr Leben und die

Klarheit und Erkenntnis, die Dinge Ihrer Umgebung zu verändern, wenn Sie es wünschen.

Die Fotos von Urlauben oder der Familie an der Wand zeigen, wie sehr Sie mit der Vergangenheit, mit den damit verbundenen Emotionen verhaftet sind.

Weißt du noch, damals war alles besser und so nett. Da, beim Familienfest, war es so harmonisch. Alle hatten gute Laune und die Kinder waren so niedlich. Sieh mal, wie nett die Kleinen waren, die Tante dort lebt auch schon lange nicht mehr ...

Jedes Ereignis wird mit Fotos festgehalten und damit konservieren Sie genau das Gefühl, das Sie in jenem Augenblick hatten, als das Foto gemacht wurde.
Jedes Foto bringt eine Struktur Ihrer Aura in Resonanz, denn die Erinnerungen versetzten Sie in die Vergangenheit zurück. Jede Struktur in der Aura ist eine Emotion, die mit dem Anschauen des Fotos angeregt wird. Beobachten Sie, was genau sich in Ihnen rührt ...

Wenn die Ehe jetzt nicht stimmig ist, hilft auch das Fotoalbum von der Hochzeit nicht. Wenn die Kinder jetzt frech sind, ändern die niedlichen Babyfotos daran nichts.
Fotos halten die Vergangenheit fest und machen ein Leben im Hier und Jetzt schwierig. Sie bleiben immer in einem emotionalen Seufzer hängen und lassen sich

selbst und Ihren Mitmenschen nicht die Freiheit der Veränderung. Denn dieses »eigentlich war früher alles besser« ist eine Empfindung, die Veränderungen verhindert.

Welche Fotos hängen an Ihren Wänden und welche Erinnerungen erhalten sie Ihnen? Warum wollen Sie die alten Zeiten lieber anschauen als Ihre jetzige Realität?

Stellen Sie sich ein Foto von einer alten Liebe vor, an die Sie schon seit Langem nicht mehr gedacht haben. Vielleicht gibt es sogar noch alte Liebesbriefe. Sofort werden Sie emotional in diese Zeit zurückkatapultiert. Bis hin zum Geruch und dem Wetter werden Sie an alle Einzelheiten der Gefühlswelt von damals erinnert. So ist es mit allen Dingen, die Sie an Ihre Vergangenheit erinnern.

Die Kunstwerke an Ihren Wänden und Ihre Mitbringsel aus fernen Ländern zeigen Ihre Sehnsucht und Resonanz zu anderen Kulturen oder Kulturepochen.

Das Werk eines Künstlers enthält dessen komplettes Energiefeld mit all seinen unbewussten und bewussten Lebensprozessen. Sie erleben die Emotionen des Künstlers und gehen mit seiner Energie in Resonanz, sonst würden Ihnen die Bilder nicht gefallen.

Warum gefallen Ihnen gerade diese Bilder? Welche Emotionen lösen die Bilder aus?

Fremde Kulturen haben andere spirituelle Hintergründe als wir in unserem »zivilisierten«, christlichen

Abendland. Haben sie in Ihrem Energiefeld eine Resonanz, gefallen Ihnen die Kult- oder Kunstgegenstände und Sie sammeln Sie in Ihrem Haus. Andere Menschen, Kinder oder Partner können diese Neigung oft nicht teilen. Wir sagen, sie haben einen anderen Geschmack. Dabei fehlt ihnen einfach eine entsprechende Struktur in der Aura, die schwingen und die sich mit diesen Dingen verbinden kann.

Warum gefallen Ihnen gerade diese Kunst- oder Kultgegenstände? Was lösen sie bei Ihnen aus?

Alte, geerbte Möbel, Schmuck, Porzellane und andere Sammelobjekte zeigen Ihnen Ihre Verbindungen zu Ihren Ahnen.

Stellen Sie sich vor, Ihre alte Tante, die Lieblingsschwester Ihrer Mutter, ist noch lange von Ihnen im Altersheim besucht worden. Sie hatten viele gute Gespräche mit ihr, über die Vergangenheit, die Kriegszeit, Ihre Mutter, die Kindheit. Als sie starb, waren Sie sehr traurig über den Verlust dieses Menschen. Sie haben mit niemandem darüber sprechen können und haben diese Trauer einfach weggesteckt. Sie haben sie als Struktur, als Ohnmacht in Ihrer Aura konserviert.

Sie haben dann den Schrank der alten Tante geerbt, der jetzt schon seit Jahren alle Umzüge mitgemacht hat. Eigentlich passt er nicht mehr zu Ihrer Einrichtung.

Ihrem Mann gefällt er überhaupt nicht und den Kindern ist er viel zu dunkel und mächtig.

Für Sie selbst ist an diesen Schrank die ganze Trauer um Ihre Tante gebunden.

Der Schrank löst in Ihrer Aura immer wieder die Trauer aus, die Sie beim Tod Ihrer Tante gefühlt haben. Erst wenn Sie dieses Thema bei sich selbst angeschaut und bearbeitet haben, können Sie sich von dem alten Erbstück trennen. So geht es mit allen »Erinnerungsstücken« im Leben. Sie sind gebunden an Emotionen und machen Sie auf alte Gefühle aufmerksam, an denen Sie festhalten.

Hier könnte jetzt eine endlose Zahl von Beispielen folgen. In jeder Familie gibt es Erinnerungsstücke, die über Generationen hinweg weitergegeben werden. Meistens kann man sich leicht von den Antiquitäten trennen oder man verbindet schöne Erinnerungen mit ihnen. Manchmal sind jedoch an solche materiellen Stücke Emotionen gebunden, die einen im eigenen Leben behindern und blockieren.

Dann kann man bei sich nachfragen, warum man derart an diesem Erbstück hängt, welche Gefühle ausgelöst werden und welche Erwartungen meiner Familie an dieses Stück gebunden sind.

Möchte ich die Emotionen oder die daran gebundene Aufgabe übernehmen oder will ich lieber mein eigenes selbstverantwortliches Leben leben?

Sehen Sie sich Ihr Umfeld daraufhin einmal liebevoll an. Welche Emotionen beherbergen Sie in Ihrem Haus oder in Ihrer Wohnung? Ist jetzt die richtige Zeit, einige Dinge in Ihrem Leben zu klären?

Solange Sie Ihr Umfeld mit alten Emotionen »vollstellen«, fehlen Ihnen Luft und Raum für sich selbst. Sie können handeln und etwas für sich tun. Entdecken Sie sich selbst und gestalten Sie Ihren ganz eigenen, individuellen Raum. Sie werden überrascht sein, wie viel Energie Ihnen das Aussortieren alter Emotionen gibt.

Endlich einmal etwas für sich tun, das ist der am meisten ausgesprochene Wunsch der letzten Jahre. Das können Sie hier praktizieren und sich zu Hause eine Wohlfühloase schaffen.

Das Auto

Ich fahre mal eben zu Klaudia. Habe zwar nicht so richtig Lust auf ihr Gerede, aber ich habe versprochen vorbeizukommen. So ein Mist, jetzt springt mein Auto nicht an. Die Zündung geht nicht. Habe ich in letzter Zeit öfter gehabt. Erst nach mehrmaligem Versuch kann ich starten. Irgendwie riecht es im Auto muffig. Sicher hat jemand mal etwas Essbares liegenlassen oder ein altes Brötchen gammelt unter dem Sitz. Jetzt geht auch der linke Blinker nicht. Ich glaube, ich muss mal zur Werkstatt mit dem Ding. Dass mein Mann sich aber auch nicht um das Auto kümmert. Es ist sein Job, ich will einfach nur ein zuverlässiges Gefährt haben.

Habe ich mir mein Leben so vorgestellt?

Wie-Resonanz

Das Auto zeigt Ihnen, wie kraftvoll Ihr Energiefeld ist. Sind Sie nicht in Ihrer Kraft, kann es sein, dass Sie sich oder andere Ihnen Beulen in Ihr Auto fahren. Sie stoßen hier und da an, haben Ihre Grenzen nicht im Blick oder lassen die Grenzen von anderen Menschen überschreiten.

Funktioniert bei Ihrem Auto die Zündung nicht, fehlen Ihnen die Freude, die Antriebskraft und das Engagement in Ihrem Leben. Vielleicht wollen Sie gar nicht an den Ort, zu dem Sie gerade aufbrechen wollen. Vielleicht sind Sie vor Angst gelähmt und können sich deswegen nicht in Bewegung setzen?

Meistens gibt es bei einem Schaden an Ihrem Auto eine Wagenseite, die beeinträchtigt ist. Je nachdem, an welcher Fahrzeugseite etwas defekt ist, können Sie erkennen, mit welchen Aspekten Ihres Lebens dies in Zusammenhang steht. Ist die rechte Fahrzeugseite betroffen, ist der energetische Mangel in den abstrakten, männlichen Aspekten Ihres Lebens zu finden. Fehlt Ihnen die Durchsetzungskraft? Gibt es Veränderungen im Beruf? Ist eher die linke Fahrzeugseite betroffen von einem Schaden, können Sie bei den weiblichen, emotionalen Aspekten Ihres Lebens nach Antworten suchen. Nehmen Sie Ihre Gefühle wahr und nehmen Sie Ihre eigenen Empfindungen ernst? Leben Sie das, was Sie fühlen?

Ist Ihr Wagen nicht einsatzfähig und fahrbereit, dann fehlt Ihnen allgemein die Lebenskraft. Sie brauchen Ruhe und sollten die Schritte, die Sie tun, genau überlegen. Ist Ihr Weg der richtige? Leben Sie so, wie Sie es tatsächlich wollen? Gefällt Ihnen Ihr Leben?

Ist die Heizung in Ihrem Auto defekt, fehlen Ihnen Wärme und die emotionale Hingabe im Alltag. Fühlen Sie sich nicht am rechten Platz, fühlen Sie sich nicht geliebt? Gehen Sie sanft und achtsam mit sich selbst um? Leidet Ihr Wagen an Verschleißerscheinungen, sagt er Ihnen, dass Sie auf sich selbst mehr achten sollten. Sorgen Sie gut für Ihre eigenen Bedürfnisse und pflegen Sie sich. Achten Sie Ihre körperlichen Belange?

Stehen Sie mit Ihrem Auto in einem Stau, haben Sie in Ihrer Aura einen Stau von Erd- oder kosmischer Energie. Es ist immer Ihr ganz persönlicher Stau, der sich da für Sie auf der Straße auftut.

Untersuchen Sie genau, was bei Ihnen gerade nicht abfließen kann. Sind Sie wütend? Haben Sie mit jemandem Krach? Geht Ihnen etwas auf die Nerven? Fühlen Sie sich gebremst? Haben Sie sich womöglich auf die bevorstehende Besprechung nicht richtig vorbereitet? Ärgern Sie sich oder haben Sie vor einer kommenden Situation Angst?

Natürlich können Sie auch bei Fragen, die Ihr Auto betreffen, die Warum-Resonanz genauer anschauen.

Warum fehlt Ihnen die Kraft im Leben? Warum sind Sie wütend, woher kennen Sie die Gefühle aus Ihrer Familie? Wie verhalten Sie sich im Straßenverkehr? Lassen Sie sich provozieren? Sind Sie mächtig, intolerant und ungeduldig? Warum verhalten Sie sich so fremdbestimmt? Woher kennen Sie diese Gefühle und mit welchem Mensch in Ihrem Leben bringen Sie diese Gefühle in Verbindung?

Ist also irgendeine Störung an Ihrem Auto festzustellen, wissen Sie, dass diese mit Ihnen persönlich in Resonanz steht und Ihnen Auskunft über Ihr Energiefeld gibt.

Der Urlaub

Der Urlaub dient am wenigsten meiner Erholung.

Heute geht es ab in den Urlaub. Ich muss an so vieles denken. Habe ich alles eingepack?, Mückenspray, Sonnencreme, genug Wäsche für zwei Wochen, luftige Kleider, warme Sachen, das Reisebügeleisen, Kopien von den Pässen, Reiseversicherungsunterlagen, Bücher, Sonnenhut, Schuhe, Schmuck, Sportklamotten, Badezeug, Saunatuch?

Wir fahren in diesem Jahr an die Ostsee. Ohne Kinder, aber nicht weniger stressig. Jedes Jahr das Gleiche: Lange freut man sich drauf, spart das Geld für eine schöne Ferienwohnung, plant die Zeiten, in denen die Nachbarin die Blumen gießen muss und nach der Post sieht.

Meist haben wir Krach, wenn es ums Ferienziel geht, die Erwartungen sind so verschieden. Kultur oder Strand, mit Freunden oder allein, Luxus oder Alternativ, Aktiv oder Seele baumeln lassen, mit dem Auto oder Fliegen? Unsere Vorstellungen klaffen so weit auseinander wie ein Canyon und für beide von uns ist am Schluss jeder Urlaub ein Kompromiss.

Am Tag der Abreise haben wir beide schlechte Laune und könnten grad zu Hause bleiben. Na prima, Staus auf allen Autobahnen, schlechtes Wetter und Sturm sind angesagt für die Ostsee. Jetzt geben wir dann wieder viel zu viel Geld innerhalb kurzer Zeit aus. Mein Mann würde lieber spartanisch campen und viel Geld sparen. Er hat verzichtet und wegen mir geben wir jetzt ein Heidengeld für eine Ferienwohnung aus. Dafür muss ich kochen wie zu Hause und wir sparen das teure Essengehen. Ich habe mich im Gegenzug für die Ostsee überreden lassen und auf mein Ägypten verzichtet. Da hätten wir jetzt Sonne, aber wir hätten fliegen müssen und mein Mann hat Angst vor dem Fliegen. Außerdem mag er kein ausländisches Essen und Ungeziefer. Der Reiz der fremden Kulturen ist lange schon nicht mehr da. Wahrscheinlich leben hier in Berlin mehr Ägypter als dort?

Hast du den Keller abgeschlossen, Wasser abgedreht, weiß die Nachbarin, wo der Schlüssel ist, wissen Oma und Opa, dass wir heute schon fahren? Zeitung abbestellt, Anrufbeantworter an? Auf Wiedersehen Haus, jetzt, wo es hier bei dir mit dem Garten die schönste Jahreszeit ist, verlassen wir dich und ziehen ungemütliche Betten und eine ungewohnte Umgebung vor. Was ist eigentlich Urlaub? Schon seltsam, was man manchmal so treibt!

Habe ich mir mein Leben so vorgestellt?

Das Verreisen kann verschiedene Gründe haben. In Urlaub zu fahren hat meistens den Grund, einen Tapetenwechsel erleben und an einem schönen Ort Kraft tanken zu wollen. Das ganze Jahr haben Sie gearbeitet und jetzt sind Sie ausgelaugt. Sie haben Geld gespart, um in den zwei oder drei arbeitsfreien Wochen des Jahres entspannen zu können. So viel Energie, wie Sie im Laufe des Jahres in Ihre Arbeit gesteckt haben, können Sie in der kurzen Zeit nicht wieder aufbauen. Schon bald, nachdem Sie aus dem Urlaub zurückgekehrt sind, setzt Ihr persönlicher Burn-out wieder ein.

Was bedeutet für Sie die freie Zeit im Jahr? Erleben Sie Ihren Urlaub wirklich erholsam? Oder dient Ihr Urlaub eher der Flucht vor dem Leben, das Sie leben?
Können Sie in Ihrem Urlaub Kraft für das nächste Jahr schöpfen? Bringen Ihnen die freien Tage die Entspannung, die Sie zu Hause nie erreichen können?
Fühlen Sie sich zu Hause so unwohl, dass Sie sich lieber woanders aufhalten?

Was spiegeln Ihnen die Deutschen im Ausland? Zum Beispiel mit ihrem Kampf um den besten Liegeplatz am Pool? Die Familien mit den unerzogenen Kindern? Die unverschämten Kellner, die einen links liegen lassen? Die teuren Restaurants und Hotels? Die Baustellen rund ums Hotel? Die verlogenen Prospektbeschreibungen?

Wenn Sie selbst bei der Wahl des Urlaubs möglichst wenig Geld ausgeben wollen, wird Ihnen das »billige« an jeder Ecke der Ferien begegnen. Als knauserige Vermieter, schlechtes Essen, laute Hotels und es gibt noch zahlreiche andere Beispiele, wie sich Ihre eigene Wertlosigkeit, die Sie als Struktur in Ihrer Aura mit sich herumtragen, in Ihrer Umgebung umsetzen kann.

Alles, was Sie in Ihrem Urlaub, bei der Planung und bei der Durchführung, erleben, sind Ihre gesamten Bewertungen, Erwartungen und Ohnmachten Ihres Energiefeldes.

Wie geht es Ihnen, wenn Sie unter diesen Aspekten Ihren Urlaub betrachten?
Wieso sollte ein Urlaub eigentlich billig sein?
Wieso sollte ein Urlaub an einem weit entfernten Ort verbracht werden?
Wieso sollte man sein Lebensumfeld nicht so gestalten können, dass es einem Tag für Tag Lebensfreude und Kraft gibt?

Warum-Resonanz

Bei der Auswahl des Urlaubsangebotes begegnen Sie immer wieder Ihren eigenen Blockaden. Die Glaubenssätze der Wertlosigkeit bestimmen den Preis des Urlaubs. Wenn Sie sich selbst nichts wert sind, werden Sie mit Sicherheit sehr billig verreisen wollen. Sie wollen den billigsten Flieger und ein billiges Hotel. Aber Sie schimpfen, wenn sich Ihnen die Leistungen des Ferienortes als Spiegel entsprechend Ihrem eigenen Mangel anpassen.

Wie kann ein Flug in ein fernes Land billig sein, ohne dass irgendwo Einsparungen vorgenommen werden und sei es an der Sicherheit?

Wie sollten das Essen, die Betten und der Service Ihrem Anspruch genügen, wenn Sie nicht bereit sind, genügend Energie = Geld in Fluss zu bringen?

Und das nur, weil Sie selbst gelernt haben, nichts wert zu sein.

Die Dünkel anderen Ländern und Menschen gegenüber erleben Sie bei der Auswahl des Urlaubsziels und bei Ihren Erwartungen an die dortige Versorgung.

Wollen Sie eigentlich nur deutsches Essen?

Wollen Sie in ein Land, in dem deutsch gesprochen wird?

Wollen Sie eigentlich alles so wie zu Hause, nur ein bisschen bedient werden und etwas mehr Sonne?

Fragen Sie sich bei allen oben aufgeführten Beispielen: Warum verhalte ich mich ganz genau so? Warum bin ich mir nichts wert? Wie sollte ich dann anderen Menschen etwas wert sein? Warum lasse ich niemanden außer mir gelten? Welche Vorurteile und Beschränkungen habe ich aus meinem Leben, die mich hier blockieren?

Sie lernen zum einen sich selbst auf diese Weise immer besser kennen und machen Sich zum anderen den Weg frei in einen entspannteren Urlaub, den Sie von Anfang bis Ende genießen und sich wirklich erholen können.

Kleine Alltagskonflikte, die innerhalb Ihrer Familie ausgetragen werden, kommen in der kurzen Urlaubszeit, auf der Fahrt oder vor Ort im Hotel oder der Ferienwohnung aufs Tapet.

Die Kinder bringen die unausgesprochenen Gefühle und Erwartungen der Eltern innerhalb kurzer, gemeinsam verlebter Zeit auf den Siedepunkt. Die Erwartungen aller Familienangehörigen an den Urlaub und an die gesamte Familie sind so hoch, dass es nur Konflikte geben kann. Jedes Familienmitglied will es möglichst harmonisch haben aber jeder auf seine Weise.

Da ist die Frage der Kinder fünf Minuten nach der Abfahrt, wann sie denn endlich da sind, ein Sprengstoff. Die vergessene Sonnenbrille, Tanken, kurz mal auf die Toilette müssen, Hunger und einen unterschiedlichen Musikgeschmack zu haben sind Auslöser für den ersten Ferienfrust.

Meistens reicht hier die eigene Erkenntnis, dass alle Erscheinungen die Antwort Ihrer Umgebung auf Ihre persönliche Unzufriedenheit und Unausgeglichenheit sind. Sofort kann sich eine Situation durch diese Erkenntnis entspannen.

Die Haustiere

Tiere im Lebensumfeld zeigen mir die unbewussten Emotionen.

Unser Hund lebt jetzt schon seit 12 Jahren in der Familie. Seit einigen Monaten fällt ihm das Laufen schwer. Er bekommt schlecht Luft und schleppt sich durch den täglichen Spaziergang. Er ist so freudlos.

Wenn ich mit ihm spazieren gehe, und ich bin die Einzige, die überhaupt mit ihm geht, trottet er hinter mir her. Jeder Schritt tut ihm weh. Er kam zu uns, als die Kinder noch zur Schule gingen. Er war ihr Spielgefährte, ihr Freund und ihr Kuscheltier. Er war Tröster, wenn es Ärger gab, Begleiter bei ängstigenden Kellergängen und Aufmunterer bei Trotz und Zank.

Aber jetzt hat er seine Aufgaben erfüllt. Niemand braucht ihn mehr. Er ist eher lästig, ein Klotz am Bein, wenn man wegfahren will, wenn Freunde kommen oder wenn man mal keine Lust hat, mit ihm bei Wind und Wetter vor die Tür zu gehen.

Es ist nur noch meine Aufgabe, ihn zu betreuen, mit ihm zum Arzt zu gehen und ihn zu versorgen.

Habe ich mir mein Leben so vorgestellt?

Haustiere kommen in Ihrem Lebensumfeld vor, wenn Sie als Mensch Ihre eigenen Empfindungen nicht erkennen, leben oder ausdrücken können. Die Tiere übernehmen dann für Sie die Aufgabe, Ihr Gefühl zu sein. Die Initiative, ein Tier anzuschaffen, geht in Familien meist von den Kindern aus, die kuscheln und toben wollen. Die Eltern schaffen das Tier an, um den Kindern einen Ersatz für Nähe und Streicheleinheiten bieten zu können, die sie selbst nicht bereit sind zu leben.

Hunde, Katzen, aber auch Pferde und alle Kleintiere im familiären Bereich sind in einer Familie oder Partnerschaft oft Ersatz für ein Kind oder einen Partner. Sie dienen als Ansprechpartner und Schmusetier. Sie lenken Sie ab von der eigenen Einsamkeit. Sie lenken ab von der Angst vor dem Alleinsein.

Gibt es Emotionen, die Sie nicht leben? Was übernimmt Ihr Tier für Sie?

Wird ein Tier krank, macht es dringlich auf diesen Bereich der zwischenmenschlichen Gefühle aufmerksam. Da Tiere stellvertretend für die Gefühlswelt zu sehen sind, ist die einzig sinnvolle Möglichkeit, ein krankes Tier zu behandeln, die Arbeit mit den Menschen, die mit dem Tier zusammenleben. Das Tier äußert in seiner Krankheit das Bedürfnis seines Besitzers nach Zuwendung und Beachtung.

Die Tiere tragen die Blockaden und Unstimmigkeiten im menschlichen Energiefeld als Stellvertreter aus. Sie geben den Menschen damit die Möglichkeit, sich selbst zu erkennen. Behandelt man kranke Tiere ausschließlich nach ihren Symptomen, bleibt man auch bei der »tierischen« Behandlung der Oberfläche verhaftet. Weder den Menschen noch dem Tier wird ursächlich geholfen.

Eine konkrete Hilfe bei Tiererkrankungen ist die sinnanalytische Aufstellungsarbeit, die im Laufe dieses Buches beschrieben wird. Diese Aufstellungen klären die Warum-Resonanz zwischen Tier und Mensch.

Sie wird ausschließlich von hierfür geschulten Heilenergetikern angewendet und geleitet. Diese Art der Betrachtung führt zu einer Sinnklärung und zeigt dem Menschen die Zusammenhänge, in denen er mit seinem tierischen Begleiter verbunden ist.

Wie-Resonanz

Die Wie-Resonanz zeigt Ihnen die Auswirkung an der Oberfläche: Wie ist das Verhalten des Tieres? Wie wirkt sich das Verhalten aus? Es ist sehr hilfreich, genau zu beobachten und die Beobachtungen zu notieren. Ändert sich das Verhalten des Tieres, wenn sich die Situation des Besitzers verändert?

Warum lebt das Tier in Ihrer Familie? Warum brauchen Sie das Tier als Ersatz und was fehlt Ihnen wirklich? Was bedeutet Ihr Tier für Sie und Ihre Familie? Welchen Gefühlsbereich deckt das Tier ab? Was können Sie aus dem Verhalten und aus den Krankheiten Ihres Tieres erkennen? Was trägt das Tier für Sie selbst aus?

Der Beruf

Der Beruf hilft, den Sinn meines Lebens zu verstehen.

Von Beruf bin ich eigentlich Lehrerin. Nachdem ich meinen Mann kennengelernt hatte, habe ich den Beruf an den Nagel gehängt. Die Kinder haben auch nur noch genervt. Als ich studiert habe, war ich noch voll motiviert. Ich hatte Ideen und wollte den Kindern auf meine Art die Dinge des Lebens beibringen. Aber schon als Referendarin verließ mich der Optimismus. Zu große, laute Klassen, Provokation, Ärger mit den besserwissenden Kollegen, hohe Ansprüche vonseiten der Eltern und ein endloser Kampf, jeder gegen jeden. Ich hatte kaum vier Jahre im Schuldienst verbracht und war mit meiner Kraft schon am Ende. Da kam die Hochzeit gerade recht.

Jetzt wieder zurück in die Schule? Kann ich mir nicht vorstellen. Die Kinder sind ja heute noch schlimmer als je zuvor und dann noch der Druck durch die Pisastudien und die Noten. Ich bin ja froh, dass meine eigenen Kinder endlich groß sind.

Mein Mann hat es da einfacher. Er ist Physiotherapeut. Meistens sind seine Patienten erwachsen, er kann anderen wirklich helfen und zwar in einem Bereich, in dem die Menschen ihm dann echt dankbar sind. Er hat zwar auch ein Burn-out-Syndrom, aber eigentlich macht ihm die Arbeit Spaß.

Wie-Resonanz

Der Beruf und seine Inhalte und Themen sind ein wichtiger Lebenskomplex, in dem Sie sich selbst tagtäglich verwirklichen.

Haben Sie Ihren Beruf selbst gewählt? Vielleicht war Ihre Mutter oder Ihr Vater damals die treibende Kraft für Ihre Berufswahl, auch das ist eine interessante Aussage über Sie selbst. Vielleicht waren besondere Umstände maßgeblich, dass Sie ausgerechnet diesen Beruf ergriffen hatten.

Der eine wurde Arzt oder Krankenschwester, weil er Menschen helfen wollte. Der andere wurde Ingenieur oder Wissenschaftler, weil ihn die physikalischen oder technischen Abläufe interessierten. Der nächste wurde

Beamter, weil er auf Sicherheit bedacht war. Wieder ein anderer wählte die Selbstständigkeit, weil er frei über seine Zeit verfügen wollte.

Betrachten Sie Ihren Beruf, ohne zu bewerten oder gar in Selbstmitleid zu verfallen.

Ist es ein angesehener oder ein von der Öffentlichkeit belächelter Beruf? Ist Ihr Lohn oder Gehalt der täglichen Arbeit angemessen? Üben Sie diesen Beruf gerne aus? Könnten Sie heute noch Ihrem Vater Vorwürfe machen, dass er Ihnen zu diesem Beruf geraten hatte? Haben Sie in diesem Beruf die Karriereleiter erklommen oder sind Sie auf niedrigem Niveau stehengeblieben?

Erhalten Sie Lob und Anerkennung für Ihre Arbeit? Haben Sie gute Kollegen und genießen das tägliche Miteinander? Leiden Sie unter Stress und Mobbing? Leben Sie in ständiger Sorge, dass die Firma insolvent wird und Sie auf der Straße stehen?

Wie sind Ihre Kollegen? Sind es gepflegte, gebildete, charmante, zuvorkommende, höfliche und hilfsbereite Menschen oder herrscht ein eher rauer Umgangston?

Herrscht in der Firma ein Gemeinschaftsgefühl, ein Zusammenhalt, ein Verständnis für das gemeinsame Ziel, die Firma voranzubringen und dadurch für alle Mitarbeiter eine gute finanzielle Lebensgrundlage zu erwirtschaften?

Die ursprüngliche bewusste Wahl geriet im Laufe des Berufsalltags immer mehr in Vergessenheit und irgendwann ertappte man sich dabei, dass

man nicht mehr wusste, weshalb man diesen Be-
ruf eigentlich ergriffen hat.

Der Beruf sagt Ihnen alles über Ihre eigenen Bedürfnisse und Lebensthemen. Er zeigt Ihnen, was Sie sich
vorgenommen haben, in diesem Leben zu lernen. Bewusst oder unbewusst.

Haben Sie einen Beruf gewählt, bei dem Sie andere
Menschen unterstützen?
Lassen Sie anderen Menschen die Hilfe zukommen, die
Sie selbst gerne bekämen?
Sie sollten sich selbst die gleiche Zuwendung geben.
Haben Sie einen Beruf gewählt, der mit einer bestimmten Altersklasse von Kindern arbeitet? Sie geben auf
diese Weise Ihrem inneren Kind die Aufmerksamkeit,
die für Sie selbst wichtig ist. Vielleicht haben Sie eine
starke innere Verletzung als Kind davongetragen. Die
zahlreichen Spiegel in Ihrer beruflichen Umgebung geben Ihnen dann immer wieder die Möglichkeit, diese
alte Verletzung zu heilen.

Beispiel:
Klaus ist als Kind von seinen Eltern nie so recht beachtet
worden. Immer war der ältere Bruder im Mittelpunkt, weil
er so stark und selbstbewusst war. Kein Baum war ihm zu
hoch, keine Herausforderung zu groß, Johannes schaffte
alles. Die Eltern sahen immer nur ihn. In der Schule trat

Klaus auch in die Fußstapfen des älteren Bruders und er hatte Mühe, die hoch gelegten Latten zu überspringen. Einmal brachte er in Rechnen als Note eine Fünf nach Hause, und er musste die demütigenden Worte seiner Eltern über sich ergehen lassen. Nicht genug, auch sein Lehrer hat ihn damals vor der ganzen Klasse bloßgestellt und blamiert. Dieses Gefühl wollte Klaus nie wieder fühlen müssen. Innerlich hat er sich schon damals als Neunjähriger geschworen, es ihnen allen zu zeigen.

Klaus machte sein Abitur und überlegte, Lehrer zu werden. Er wollte den Kindern helfen, die es schwerer beim Lernen hatten als andere Kinder. Besonders vom Fach Mathematik war er sehr angetan. Bereits als Referendar und auch später in seiner Schullaufbahn passierte es ihm immer wieder, dass er ganz besonders Jungen gerne der gesamten Klasse vorführte. Er genoss dieses Gefühl der Macht.

Auch bei seinen eigenen Kindern hatte er eine strenge Hand. Er ließ keine Unpässlichkeit unbeachtet. Obwohl er sich immer vorgenommen hatte, nie so zu werden wie seine Eltern, wiederholte er seine eigene Geschichte bis ins Detail.

An diesem Beispiel wird deutlich, wie sich die eigenen Strukturen der Aura als Umgebung umsetzen. Die selbst erfahrene Beschränkung und Demütigung aus der eigenen Kindheit hatte Strukturen in der Aura zur Folge. Durch die Wahl des Berufes gibt es immer wieder die Gelegenheit, die eigenen Schmerzen anzuschauen, zu fühlen und zu erlösen.

Ist Ihre Berufung die Hinwendung zu kranken Menschen, so entspricht dies einem eigenen Bedürfnis, sich mit dem Körper und dem Thema seiner Vergänglichkeit zu beschäftigen.

Widmen Sie sich beruflich dem Thema Geld? Dann ist es Ihr Lebensthema, sich mit Sicherheit und Vertrauen zu beschäftigen. Vertrauen Sie dem Lebensfluss und auf ausreichend zur Verfügung stehende Energie? Das Geld steht als Ersatz für Lebensenergie. Wie gehen Sie damit um? Haben Sie selbst immer zu wenig Energie und wollen Sie die Energie anderer Menschen kontrollieren und besitzen?

Sind Sie in einem technisch-wissenschaftlichen Themenbereich tätig, ist es Ihr Lebensthema, einen Zugang zu Spiritualität zu erlangen. Sie orientieren Ihr Leben an allen mess- und wägbaren Daten, diese geben Ihnen Ihre Lebensstabilität. Alle Themen, die nicht messbar und technisch zu erfassen sind, machen Ihnen Angst. Sie sehen den Menschen als zufälliges Wesen, aus einer Menge Zellen zusammengesetzt. Die spirituelle und emotionale Seite des Lebens ist eine Herausforderung für Sie.

Sind Sie in einem Rechtsberuf tätig, ist es Ihre Lebensaufgabe zu erkennen, dass es Recht und Unrecht nicht geben kann. Alles, was wir Menschen tun, ist gleich gültig und jeder Mensch handelt immer aus der eigenen Überzeugung, aus sich heraus das Richtige zu tun. Das Rechtssystem ist eine zivilisatorische Übereinkunft. Eine Art Absprache unter den Menschen, an die sich jeder halten muss. Selbst wenn jemand nach dem Gesetz einen Fehler macht, handelt er aus sich heraus so, wie es für ihn richtig erschien.

Fühlen Sie sich in Ihren Beruf ein, was sagt er Ihnen persönlich über Ihre Aufgabe?
Haben Sie den Traumberuf oder sind Sie ein Burn-out-Kandidat? Hat Ihr Beruf seinen Sinn für Sie bereits erfüllt oder wird er Sie ein Leben lang begleiten? Mit welcher Thematik beschäftigen Sie sich? Können Sie Ihre eigentliche Aufgabe erkennen?

Hatte es Möglichkeiten gegeben, sich im Beruf zu verändern, örtlich, im Aufgabenbereich oder in der Hierarchie? Weshalb haben Sie diese Möglichkeiten nicht genutzt? Auch hier gilt es, dies zu betrachten, ohne zu bewerten.

Es gibt im Leben eines jeden Menschen Zeiten, in denen er genau richtig ist oder in denen er zu jung oder zu alt für eine bestimmte Aufgabe zu sein scheint.
Bei manchen Menschen passen Wunsch und Möglichkeiten fließend zusammen, andere sind häufig nicht zur rechten Zeit am rechten Ort.

Dieses Phänomen wird im herkömmlichen Sprachgebrauch als Zufall bezeichnet, für den man nicht verantwortlich ist. Man hat kein Glück und manchmal kommt sogar noch Pech dazu. Kein Wunder, dass man zu nichts kommt und nicht die Stellung erreichen konnte, die man angestrebt hatte.

Unter Betrachtung der Kraft und der Blockaden der Energiefelder wird in solchen Fällen schnell klar, dass die Energie nicht ausreichte oder irgendeine Blockade aus früheren Erlebnissen vorhanden war, sodass das gesteckte berufliche Ziel nicht erreichbar wurde.

Die Kraft der Aura ist steuerbar, sowohl in der Intensität als auch in der Richtung. Ebenso ist es möglich, vorhandene Blockierungen zu lösen. Dadurch werden Entwicklungen möglich, die sonst immer nur aus der Ferne bei den anderen, den Erfolgreichen, den Glücklichen zu beobachten sind.

Warum-Resonanz

Alle Feststellungen über Ihren Beruf sagen Ihnen etwas über Sie selbst. Jeder Ihrer Mitarbeiter, Kunden und Chefs erfüllt die Blockaden, die Sie bereits in Ihrem Energiefeld mit sich bringen. Ihre Umgebung setzt Ihnen diese Blockaden in ein Bild um, damit Sie sich selbst erkennen und verändern können.

Sie sind nicht länger ein Opfer Ihrer Welt. Sie können jede negative Erfahrung in Ihrer Umgebung als Anlass zur Heilung alter Wunden nutzen. Das bringt Klarheit in Ihr Leben. Nutzen Sie die Möglichkeiten.

Auch hier geht die Frage nach dem Warum in die Tiefe der Emotionen. Sie können diese Fragestellung anwenden, wenn Sie in Ihrem Beruf unzufrieden oder unglücklich sind.

Warum wiederholen sich die alten Muster? Woher kennen Sie diese Gefühle? Wo liegen die ursächlichen Blockaden in Ihrem Energiefeld? Mit welcher Person in Ihrer Vergangenheit haben die Blockaden zu tun?

Durchbrechen Sie die energieraubende Endlosschleife Ihres Lebens und verändern Sie durch das Erkennen Ihr Leben in einen kraftvollen, bewussten Weg.

Das Geld

Das Geld zeigt, ob meine
Energien fließen.

Ich gehe noch bei der Bank vorbei. Das Haushaltsgeld reicht in diesem Monat schon wieder nicht aus. Seit unsere Ehe so angespannt ist, rinnt das Geld nur so durch unsere Finger.

Ich kaufe oft mal etwas mehr als nötig, und die Kinder nutzen mein schlechtes Gewissen aus, dass ich mich mit meinem Mann so oft streite. Ich kaufe da mal eine Jeans und dort mal ein Videospiel. Dieses Jahr habe ich viele Pflanzen für den Garten besorgt. Mit meiner Gartenarbeit geht es mir gut. Da kann ich ausspannen, komme zur Ruhe und genieße den Duft von Erde und Pflanzen. Gartenarbeit respektiert auch jeder. Nur so rumsitzen und Musik hören, würde auf Kritik stoßen. Immerhin nervt mich das ja bei den Kindern oder bei meinem Mann auch. Man sollte schon immer etwas Sinnvolles machen mit seiner Zeit. Der frühe Vogel fängt den Wurm. Mit Rumsitzen verdient man kein Geld. Geld verdienen ist mühsam, das ist mal klar.

Oma und Opa haben ihr Häuschen ganz schön mühsam zusammengespart. Da gab es nichts mehr nebenher. Jeder Pfennig war fürs Haus. Jeder Urlaub oder Tanzkurs war gestrichen. Jetzt wäre es einfacher, wenn Oma und Opa in eine Wohnung in ein Altenheim gingen. Aber das geht nicht. Das Haus ist Ihr Ein und Alles. Sie können es nicht loslassen. Jeder Stein birgt Erinnerungen und nicht einmal nur nette!

Geld war immer schwierig zu Hause. Immer zu wenig da, immer sind andere Dinge mehr wert als ich selbst. Ich habe mich oft wertlos gefühlt und habe mir vorgenommen, es mit meinen Kindern anders zu leben. Ist es mir gelungen? Oft höre ich mich sagen: Das können wir uns nicht leisten. Das ist zu teuer.

Habe ich mir mein Leben so vorgestellt?

Ihre finanziellen Verhältnisse sind ein zuverlässiger Spiegel für Ihre Energie im Leben.
Wenn Sie in Ihrer Kraft und im Vertrauen sind, ist der Fluss des Geldes ausgewogen. Sie haben immer genügend Geld zur Verfügung für die Dinge, die Ihnen wichtig sind.

Geld ist dann, wenn es frei ist von Emotionen, einfach zu handhaben. Leider ist dies meistens nicht der Fall und so steht das Geld auf einmal für weit mehr als nur ein Zahlungsmittel. Es ist der Ausdruck jeder Blockade in Ihrer Aura.

Fließt Ihre Lebensenergie oder ist sie aus irgendeinem
Grund ins Stocken geraten? Ist eine aufbauende oder
eine abwärts gerichtete Tendenz sichtbar? Sind Sie sich
der Fülle bewusst oder verlieren Sie immer wieder den
Bezug zu Ihrem Leben und zu Ihrem eigentlichen Sein?
Haben Sie das Gefühl, nie genug Geld zu haben und in
einem ständigen Mangel zu leben?
Gibt es viele Menschen in Ihrer Umgebung, die von Ihrer Energie zehren? Haben Sie das Gefühl, ausgesaugt
zu werden oder als Knecht ein großes, schweres Mühl-
rad drehen zu müssen?
Gefühle werden gekauft, Verbindungen geknebelt und
Abhängigkeiten geschaffen. Geld wird zur Macht und
macht wertlos. Jede Struktur in der Aura kann sich in
einem finanziellen Thema erkennen lassen. Sind Sie
voller Ängste in Ihrem Leben? Dann fließt permanent
Ihre Energie ab. in Ihrer finanziellen Situation kann es
dann sein, dass Sie nie genügend Geld zu Ihrer Verfügung haben.

Eltern halten durch Geld das Leben Ihrer Kinder unter
Kontrolle. Sie haben Einfluss darauf, wie viel Energie
dem Kind zum Leben zur Verfügung steht. Im Laufe
des Lebens sollten Kinder sich von Ihren Eltern unabhängig machen und für sich selbst sorgen können. Will
ein Kind die Eigenverantwortung für sein Leben nicht
wirklich übernehmen, nutzt es noch lange die Bereit-

schaft der Eltern, für das Kind zu sorgen. Der Nachteil ist, dass die Eltern meist auch ein Mitspracherecht am Leben des Kindes damit einkaufen.

Oft ist bei dem komplexen Thema Geld zu beobachten, dass das Geld Ausdruck eines Problems wird, wenn in Paarbeziehungen die Energie nicht mehr fließt. Dann, wenn es unausgesprochene Probleme zwischen Partnern gibt, wenn Gefühle nicht ausgesprochen werden, wenn sich die Partner nicht mehr wohlgesonnen sind. Es ist dann nicht festzustellen, warum immer zu wenig Geld da ist. Das Haushaltskonto, das jahrelang zur Versorgung ausreichte, ist nun immer sehr früh leer. Das führt zu noch stärker strapazierten Beziehungen und bringt Ehen nicht selten zum Zerreißen.

Geld kann ein emotionales Druckmittel der Partner untereinander sein. Besonders die Frauen trauen sich eine Trennung nicht zu, weil Sie einen Konflikt mit dem Geld befürchten. Sie können und wollen dem Mann gegenüber nicht zu sich stehen und vermeiden das Thema Geld.

Wie sieht es bei Ihnen persönlich aus? Haben Sie immer genügend Energie zur Verfügung? Wer zieht Ihnen am meisten Energie ab? Sind Sie frei von Ihren Eltern in Bezug auf Energie? Können die Eltern immer noch in Ihr Leben funken, weil Sie Energie von Ihnen erhalten? Ersetzen Sie im vergangenen Text das Wort Energie durch das Wort Geld. Wie stehen Sie zu Ihrem Geld?

Was löst das Wort Geld bei Ihnen aus? Machen Sie sich eine spontane Liste und erkennen Sie die Bedeutung des Geldes für sich.
Was spiegelt Ihnen Ihr Geld über die Beziehungen zu den Menschen in Ihrer Umgebung? Welche Gefühle ersetzt das Geld bei Ihnen?

Warum-Resonanz

Geld zu sparen, ist die Auswirkung eines Mangelgefühls. Man spürt in seinem Herzen die Endlichkeit des Lebens und will sich vor diesem Gefühl schützen. Möglichst viel Geld zu sparen und für sich zu behalten gibt einem ein Gefühl von Sicherheit. Beim Sparen von Geld überwiegt die Angst vor dem Leben. Man hält die Energie fest und hat kein Vertrauen ins Leben.

Vertrauen ins Leben zu haben heißt: Ich weiß dass jederzeit genügend Energie für jeden Menschen zur Verfügung steht. Auch ich habe immer genug Energie, um meine Bedürfnisse zu stillen und kann die Energie in Form von Geld fließen lassen.

Sparen Sie Ihr Geld? Warum haben Sie Angst? Woher kennen Sie die Gefühle aus Ihrem Leben? Welche Person aus der Vergangenheit steht mit diesem Gefühl in Verbindung?

Anders verhält es sich bei Geld in Form von Schulden. Hier fühlen Sie sich schuldig. Sie tragen oft lebenslang an einer Schuld irgendeinem Menschen oder einer Situation gegenüber in Ihrem Leben. Vielleicht fühlen Sie sich schuldig, dass Ihre Mutter so unglücklich war. Vielleicht fühlen Sie sich schuldig, dass Ihr Vater seine Arbeit verloren hat. Gleich welches Thema es auch ist, lösen Sie diese Schuld auf, können Sie schuldenfrei leben.

Schuld ist energetisch gesehen ein Loch in Ihrer Aura. Durch dieses Loch fließt Ihre Energie ab.

Warum fühlen Sie sich schuldig? Wem gegenüber fühlen Sie sich schuldig? Wo kaufen Sie sich frei von Ihrer vermeintlichen Schuld?

Das Geld als Spende spiegelt Ihnen den eigenen Dünkel. Ich spende meine Energie, wenn ich mich über einen anderen Menschen stelle und die Macht ausübe.

Spenden Sie gerne Geld und fühlen Sie sich auch immer angesprochen, wenn Ihnen die Fotos mit Spendenaufrufen von »armen Kindern« ins Haus flattern? Sie erkennen sich selbst als Ihr armes inneres Kind und werden sofort zum gesuchten Spender! Warum fühlen Sie Mitleid? Wo tun Sie sich selbst Leid? Woher kennen Sie dieses Gefühl? Mit welchem Menschen steht das Gefühl in Zusammenhang?

Geld steht im Leben als Spiegel für unseren Energiefluss, mehr nicht.

Geld kann emotionslos zwischen uns Menschen hin- und herfließen und das Leben sehr vereinfachen. Sobald das Geld als Träger von Emotionen missbraucht wird, sollten wir genauer hinschauen. Wir können die offensichtlichen Blockaden klären, die mit den Emotionen zusammenhängen, um den Fluss des Geldes wieder frei genießen zu können.

Partnerschaft und Familie

Die Mitglieder der Familie sind oft die anstrengendsten, aber auch besten Helfer bei meiner Entwicklung.

Ich bin 50 Jahre alt. Unsere Ehe hält jetzt schon seit über 25 Jahren, aber es war nicht immer einfach. Die Phase des Verliebtseins war schön, aber kurz. Bald schon kamen Auseinandersetzungen über Eltern, Haus und Ziele, über Kinder, Krankheit und Zukunft. Wir waren selten einer Meinung und oft habe ich den Mund gehalten, innerlich gegrollt und geschluckt.

Meistens habe ich mich alleinerziehend gefühlt. Verantwortlich war immer nur ich, von den Windeln bis zur Geburtstagsfeier. Ich weiß gar nicht mehr so genau, wann ich aufgehört habe zu fühlen, aber es muss bei der Geburt von Tom passiert sein. Mein Mann hatte keine Lust, mich zu unterstützen bei der Geburt. Er war nervös und unkonzentriert. Er hatte einen dringenden Termin in seiner Praxis und ich war eher lästig. Und dann sagte er, kurz nachdem Tom geboren war: Mein Gott, so schlimm war es ja wohl auch nicht. Immerhin kriegen die dämlichsten Frauen Kinder, das wirst du doch auch locker geschafft haben? In mir brachen alle Gefühlswelten zusammen und ich spürte einen tiefen Stich mitten ins Herz. Er hatte dieses mich tief berührende Ereignis der Geburt nicht fühlen können. Ein Teil von mir war ihm in diesem Augenblick entglitten.

So schlimm hatte ich mich nie vorher gefühlt. Alle meine inneren Jalousien fielen auf einmal herunter und ich stürzte ins Bodenlose. Ich habe mich auch danach nie mehr so schlimm gefühlt, aber nur, weil ich von nun an gar nichts mehr fühlte.

Für meinen Mann hatte ich von da an nur noch Verachtung übrig, was sich wohl auf den Rest der Männerwelt nach und nach ausdehnte. Meinen Sohn wollte ich mir anders erziehen. Ansonsten waren Männer für mich gestorben!
Anstandslos bekam ich die Kinder und erzog sie, war immer für jeden da. Aber niemand und nicht einmal ich selbst, war für mich da.

Jetzt, mit 50, sehe ich so viel und verstehe so viel. Die Kinder sind groß. Tom hat Schwierigkeiten mit seiner Freundin. Er redet kaum mit ihr und sie weint sich oft darüber bei mir aus. Er hat alle Eigenschaften von seinem Papa übernommen, die ich nicht mag.

Tina, unsere drei Jahre jüngere Tochter hat noch keinen Partner. Sie nimmt Männer nicht so recht ernst. Die meisten können ihr sowieso nicht das Wasser reichen. Sie macht Karriere. Mit dem Papa hat sie oft Krach und beschwert sich, dass er so wenig Zeit und Aufmerksamkeit für sie hat. Letztens hat er ihren Geburtstag vergessen. Seitdem redet sie nicht mehr mit ihm und hat sich neben dem Studium noch einen Kellnerjob gesucht, um sich unabhängig zu machen.

Mein Mann und ich leben nebeneinanderher. Er hat seine Fahrradkumpel, ich einige Freundinnen. Wir beide reden wenig miteinander, und wenn, dann über die Großeltern, die Kinder, die Urlaubsplanung, das Wetter oder den Garten.

Ich habe keine Gefühle mehr. Berühren tun wir uns gar nicht. Es ist eher peinlich, wenn wir unsere alternden Körper ungewollt nackt sehen.
Oft spüre ich die tiefe Sehnsucht nach Nähe und Geborgenheit. Das würde ich aber niemandem erzählen, nicht mal den Freundinnen. Die haben doch alle ihre Probleme. Meinem Mann würde ich schon gar nichts erzählen. Wir

haben es einfach nie geschafft, Vertrauen entstehen zu lassen. Es ist schon verdammt einsam, so zu leben.

Habe ich mir mein Leben so vorgestellt?

Ihre eigene Familie ist für Sie das ideale Resonanzfeld. Sie können es so betrachten, dass jedes Ihrer Familienmitglieder Ihnen einen bestimmten Teil Ihres Energiefeldes spiegelt. Jeder in der Familie ist somit für Sie ein Aspekt Ihrer eigenen Persönlichkeit. Ein solcher »Aspekt« bringt Ihnen eine bestimmte Eigenschaft oder ein bestimmtes Verhalten entgegen, an dem Sie lernen und reifen dürfen.

Denn die Dinge, die Sie an Ihren Familienmitgliedern ablehnen, sind immer Anteile, die Sie an sich selbst nicht mögen.

Die Familienmitglieder präsentieren Ihnen also Ihre eigenen negativen Aspekte, damit Sie sie bearbeiten können. Sobald Sie diese Aspekte für sich erkannt und verändert haben, können Ihre Familienmitglieder diese Verhaltensweisen loslassen. Der Spiegel hat dann für Sie seinen Sinn erfüllt und kann sich verändern.

In Ihrer Familie bewegen Sie sich sowohl in der Wie- als auch in der Warum-Resonanz.
Jedes Familienmitglied rührt an Ihren Gefühlen, und ständig werden Emotionen der Vergangenheit ange-

regt. Sie reagieren auf die Aspekte Ihrer Persönlichkeit spontan, ziehen für diese Reaktion aber immer die alten Erfahrungen zurate.

Gerade die Kinder bringen Ihnen selbst die eigene Kindheit nahe. Bei jeder Begegnung mit Ihren Kindern haben Sie die Chance, das zu erkennen.

Mit Ihrem Partner haben Sie zunächst ein verliebtes Verhältnis, in dem Sie an ihm nur die netten Seiten sehen können. Im Laufe der Zeit, mit wachsender Nähe und dem intensiveren Ineinanderschwingen der Energiefelder, kommen Sie im Zusammenleben an die Strukturen in Ihrem Energiefeld, die sie als Emotionen aus Ihrer Vergangenheit kennen.

Ihre Partnerin stößt in Ihnen vielleicht etwas an, was sich anfühlt wie das Gefühl, wieder ein Kind zu sein. Diese Gefühle wurde erstmals von Ihrer Mutter bei Ihnen ausgelöst. Hat Ihre Mutter Sie nie zu Wort kommen lassen? Das hat damals eine Ohnmacht bei Ihnen erzeugt, in der Energie und Situationen als Bilder abgespeichert wurden.

In der Liebesbeziehung läuft nun ein Spiegel Ihrer Kindheit ab, mit allen unangenehmen Gefühlen, die Sie als Struktur soeben aktiviert haben. Ihre Partnerin spiegelt Ihnen die Mutter und Sie verhalten sich entsprechend »kindlich«. Mehr und mehr geht es in der Paarbeziehung ans »Eingemachte«, wie wir so treffend sagen.

Es sind ja wirklich die gut konservierten Emotionen die uns im Partner begegnen. Eigentlich wollten Sie alles anders machen als Ihre Eltern und auf einmal ertappen Sie sich, bis in die Wortlaute hinein, bei den gleichen Verhaltensweisen, die Sie bei den Eltern »tierisch genervt« haben.

Warum-Resonanz

Sie haben das gesamte Strukturkonzept Ihrer Ahnen als energetisches Muster übernommen und erleben jetzt in Ihrer Umwelt, in Ihrer Partnerschaft die entsprechende Resonanz. Nun haben Sie allerdings die Möglichkeit, dieses Konzept zu erkennen und zu verändern. Sie müssen nicht in diesen alten Stiefeln stecken bleiben. Sie dürfen sich bewusst weiterentwickeln, können sich verändern.

Es ist zu lernen, dass hinter dem vermeintlichen »Partner, der genauso ist wie Ihr Papa« ein Wesen mit einzigartigen Qualitäten steckt. Aber Sie sind auf die Resonanz »Papa« eingestellt. Sie können nur »Papa« sehen, weil Ihre Strukturen Sie nur diese Realität sehen lassen. Was Sie sehen und hören, ist etwas vollkommen anderes als Ihr Gegenüber tatsächlich ist, tut oder sagt. Sie sehen Ihren Spiegel, und das ist es, was Sie an Ihrem Partner ablehnen oder verurteilen.

Wirkliche Partnerschaft beginnt dann, wenn Sie diese Themen für sich selbst im Leben geklärt haben. Wenn Sie die Warum-Resonanz bewusst in Ihrem Leben erkannt und verwandelt haben. Erst dann können Sie im Partner den Menschen sehen und fühlen, der er eigentlich ist und somit auch dessen Seele begegnen.

Alles andere ist im wahrsten Sinne des Wortes »Kinderkram«, denn Sie arbeiten mit der Partnerresonanz immer Strukturen aus Ihrer Vergangenheit auf. Deswegen nennen Sie das, was Sie leben, auch Beziehung, weil es tatsächlich ein ewiges Hin- und Herziehen von Energie ist.

Wenn Sie die *Beziehung* in diesem Sinne beenden, findet wirkliche Begegnung, Liebe und Partnerschaft statt. Die meisten Beziehungen werden heute abgebrochen, wenn man spürt, dass der Partner einem den eigenen Spiegel vorhält. So nimmt man sich die Möglichkeit, die eigene Persönlichkeit zu entwickeln, am anderen die eigene Resonanz zu erkennen und daran zu wachsen, um endlich eine reife Partnerschaft beginnen zu können.

Auch Ihre Kinder, gleich, ob es die biologischen Kinder oder adoptierte Kinder sind, spielen im Warum-Resonanzspiel eifrig mit.

Wenn bestimmte Verhaltensweisen Ihrer Kinder Sie besonders aufregen, ist dies ein sicheres Zeichen dafür, dass sie Ihnen Ihr eigenes Verhalten als Kind, das wiederum damals von Ihren Eltern abgelehnt wurde, zeigen. So, wie Sie sich innerlich fühlen oder damals gefühlt haben, so geben Sie sich und so begegnet Ihnen das Außen.

Welches Verhalten stört Sie?

Als kleines Kind haben Sie bei Ihren Erfahrungen mit den Eltern eine Struktur in Ihrer Aura gebildet, die Ihre eigenen Kinder jetzt durch ein entsprechendes Verhalten aktivieren. Sie spiegeln Ihnen Ihre eigenen Gefühle aus Ihrer Kindheit.

Je mehr Sie bestimmte Wesenszüge an sich selbst ablehnen, umso aussagekräftiger werden die Spiegelbilder in Ihrem Umfeld.

Wütende Kinder spiegeln Ihnen die eigene Wut, die verborgen und unerkannt in Ihnen schlummert, und die endlich angeschaut werden möchte.

Wütende Kinder sind vielleicht aber auch traurige Kinder, die ihre wahren Gefühle nicht äußern können?

Unordentliche Kinder sind vielleicht verwirrte Kinder, die durch Sie, als Elternteil, keine äußere Klarheit erleben?

Ängstliche Kinder zeigen Ihnen vielleicht Ihre eigenen Ängste, Ihre Ablösungsschwierigkeiten?

Sie möchten, dass Ihr Kind aufhört zu weinen, damit die schmerzlichen Erinnerungen an die Zeiten, in denen Sie selbst gelitten haben, nicht wieder hochkommen.

Ähnlich ist es mit dem Zorn: Im Zorn des Kindes droht Ihre eigene Wut hochzukommen, die Sie einmal gefühlt haben, aber nicht ausdrücken durften.

Da diese Gefühle sich ungut anfühlen, versuchen Sie, sie erneut zu verdrängen. Sie schimpfen mit Ihren Kindern oder bestrafen sie, genau wie Sie damals bestraft wurden. In Ihrem Energiefeld verfestigen sich damit die Strukturen.

Ein weiteres aktuelles Ereignis wird Sie wieder darauf hinweisen, und immer wieder bekommen Sie die Möglichkeit, dadurch aufzuwachen, die Resonanz zu erkennen und sich so zu entwickeln. Sie bekommen die alten Verhaltensweisen und Gefühle erneut gespiegelt.
Jetzt haben Sie jedoch die Möglichkeit, diesen sich stets wiederholenden Zyklus zu durchbrechen. Jetzt können Sie handeln, anders als damals, als Sie ein kleines Kind waren.

Jetzt können Sie die Situation bewusst anschauen und den Gefühlen Platz einräumen. Sie können Ihr eigenes abgespaltenes inneres Kind vor Ihrem inneren Auge in den Arm nehmen und mit ihm Frieden schließen.

Ihre Kinder sind ständig bemüht, Ihnen zu helfen. Sie müssen es nur erkennen und sich verändern. Es liegt bei Ihnen.

Sobald Sie sich verändern, verlieren die Spiegel Ihren Sinn und zerfallen. Die Kinder verhalten sich nicht mehr schwierig, weil Ihre Resonanz sich verändert hat. Auch hier gilt: Nicht die anscheinend bösen Kinder verhalten sich schlecht, sondern Sie sehen das, was Sie in sich als Struktur tragen. Geben Sie den Kindern eine Chance – aber vor allem auch sich selbst und Ihrem verletzten inneren Kind.

Oft ist es so, dass Sie Ihren Partner wegen bestimmter Verhaltensweisen ablehnen. Vielleicht trennen Sie sich sogar von ihm und wollen möglichst nichts mehr von ihm wissen. Ihre Kinder, von denen Sie sich natürlich nicht so ohne Weiteres trennen können, übernehmen dann genau diese abgelehnten Verhaltensweisen des Ex-Partners. Nicht Ihr Kind ist demnach schlecht, sondern dies ist ein Zeichen, dass Sie Ihre Resonanz noch nicht verstanden, geschweige denn geändert haben.

Dieses Phänomen kennen Sie sicher auch, wenn Sie den Partner wechseln in der Hoffnung, dass dieser neue Mensch endlich der heiß ersehnte, makellose Prinz ist. Doch schon nach einiger Zeit weist der makellose Prinz die gleichen Verhaltensweisen auf wie der verlassene Macho. Sie sehen schon: Sich selbst können Sie einfach

nicht davonlaufen. Ihre Strukturen und Blockaden nehmen Sie immer und überallhin mit.

Nicht Ihre Umgebung ist bevölkert von schlechten
Menschen, sondern Ihre Energien bauen ein Resonanzfeld auf, in dem Sie sich selbst mit allen Schatten erleben. Also brauchen Sie nicht zu flüchten, Sie brauchen
nur hinzuschauen, zu erkennen und zu verändern. Das
ist des Rätsels Lösung – und schon verändert sich die
belastende Familie in ein harmonisches Lebensgefüge.

Sie können das nicht glauben? Sie haben schon viele
solche Sprüche gehört?
Bedenken Sie, dass Sie sich jetzt mit der Kraft Ihres eigenen Energiefeldes beschäftigen und Schritt für Schritt
lernen, damit umzugehen!

Beispiel:

Sie haben einen schicken Herd mit Ceran-Kochfeld ge-
liefert bekommen. Sie lesen sofort Bücher, die Ihnen die
schmackhaftesten Gerichte beschreiben. Ihnen wird geraten, einen Topf auf das Kochfeld zu stellen, die Temperatur auf Stufe 9 zu stellen und schon brutzelt das Essen vor
sich hin. – Es tut sich jedoch nichts.
Sie lesen ein neues, noch bunter gestaltetes Kochbuch,
freuen sich, dass es jetzt gelingt, stellen die Temperatur
auf Stufe 9 und – nichts tut sich.

Sie haben sich bisher nicht um die Energie gekümmert. Die schönste Anleitung zum Kochen nützt nichts, wenn Sie nicht dafür sorgen, dass Energie vorhanden ist, die das, was Sie kreieren wollen, in die Realität umsetzt.

Zurück zu Ihrer Familie: Auch die eigenen Eltern spielen das Resonanzspiel mit. Sie zeigen Ihnen oft die eigene Starrheit und Unbeweglichkeit.
Die Eltern haben die Aufgabe, Ihnen immer wieder die alten Verhaltensschemata zu spiegeln. Sobald Sie in die Kinderrolle schlüpfen, egal wie alt Sie sind, zeigen die Eltern Ihnen die Strukturen, die sie von Beginn Ihres Lebens an bei Ihnen geschaffen haben.
Solange Sie aus den vorhandenen Strukturen heraus handeln, sind Sie nicht selbstbestimmt und eigenverantwortlich. Sie handeln aus alten Zusammenhängen und Beschränkungen. Wenn Sie diese Beschränkungen bewusst durchbrechen, können Sie wirklich erwachsen werden.

Sobald Ihnen ein solcher Schritt gelungen ist, können die Menschen in Ihrer Umgebung sich anders verhalten, auch Ihre Eltern. Sie werden aus ihren Rollen entlassen und können entspannt miteinander umgehen. Das bewusste Erkennen der Wirkungsprinzipien des Spiegels Ihres eigenen Energiefeldes befreit Sie selbst und alle Menschen Ihrer Umgebung aus einem inneren Gefängnis.

Auf diese Weise nimmt jeder Mensch in Ihrem Leben eine Position ein, die alte Gefühle und Emotionen in Bewegung setzt. Der Kollege, der Lehrer, die Freundin, die Kinder anderer Eltern, der Nachbar, die Schwiegereltern, die Freunde der Kinder – alle Menschen haben eine Resonanzfunktion. Sie spiegeln Ihnen Strukturen aus Ihrem eigenen Energiefeld.

Es kommen sehr viele Menschen in Ihr Leben, die Ihnen auf diese Weise bei Ihrer Entwicklung helfen. Und sie kommen immer wieder.

Sie kommen auf so unterschiedlichen Wegen in Ihr Leben, dass Sie sich immer wieder nur wundern können, wie genial die Schöpfung funktioniert. Ihre Themen werden Ihnen so lange serviert, bis Sie die Botschaft verstanden haben und die Strukturen in Ihrem Energiefeld auflösen können. Von da an gehen Sie einen Weg der Entwicklung und der Reife.

Vorhersagungen

*Vorhersagen sagen mir
das, was ich sowieso
schon weiß.*

In der Stadt war ich heute in einem Buchladen. In der Esoterik-Abteilung sind mir die unterschiedlichsten Bücher in die Hand gefallen. Es gibt unglaublich viele Bücher zu allen denkbaren psychologischen Themen. Ich habe mir nur Sachen angeschaut, die irgendwie mit Beziehung und Partnerschaft zu tun hatten.

Jedes Buch hat mir eine Anregung geben können. Jeder außer mir scheint zu wissen, wie es funktioniert, das Leben. Ich weiß gar nichts, glaube ich.

Dann gab es da noch alle möglichen Wahrsagekarten. Die fand ich auch total interessant. Wie geht mein Leben weiter? Bleibe ich mit meinem Mann zusammen? Baue ich noch einmal ein Haus? Wie alt werde ich wohl? Es gibt so viele Fragen, die mich brennend interessieren. Ich bin nicht sicher, ob ich die Antworten wirklich wissen will. Aber ich würde schon gerne wissen, wie meine Zukunft wird, wenn sie gut wird. Wie kann ich sie mir vorstellen? Ich will eigentlich nicht so weitermachen wie bisher. Das Leben ist an mir vorbeigerannt. Ich habe das Gefühl, wenig Einfluss darauf gehabt zu haben. Aber hat überhaupt jemand Einfluss auf sein Leben? Es läuft doch so dahin. Alles passiert aus Zufall. Wie sollten dann Wahrsagekarten wissen, was nicht einmal ich weiß?

Alles in Ihrem Leben ist ein Spiegel Ihres Selbst. Alles was Sie fühlen, denken und erleben, setzt sich um in Ihrem Körper und Ihrer Erlebniswelt, ausnahmslos! Egal, welcher inhaltliche Vorgang Sie gerade beschäftigt – Sie sehen ihn individuell und verstehen ihn so, wie Sie ihn aufgrund Ihres Erfahrungshorizonts und des Energieniveaus Ihrer Aura verstehen können.

In Ihrer Aura ist die Vorlage für Ihr Leben enthalten. Ziehen Sie eine Tarotkarte und interpretieren Sie sie, dann nehmen Sie ausschließlich Ihre eigene Welt zu Hilfe. Sie interpretieren in die gezogene Karte immer das hinein, was Sie sowieso schon wussten, sich aber nicht auszusprechen oder gar zu denken wagten. Manchmal kann Ihnen eine Karte einen Hinweis auf ein Ereignis geben oder auf Zusammenhänge, die Sie ohne Karte nicht sofort erkennen konnten. Sie können jede Art von Vorhersageinstrumenten nutzen, Ihr Bewusstsein bahnt sich seinen Weg mit allen Mitteln. Sie können im Kaffeesatz lesen, in die Glaskugel schauen, Knochen werfen, Runen betrachten oder die Zeichen am Himmel deuten. Alles kann gerade so hilfreich für Sie sein, wie Sie es zulassen.

Was passiert, wenn am Himmel eine Sternschnuppe fällt? Sie fokussieren ihre Kraft in einen Wunsch, den Sie schon lange in sich tragen. Vielleicht reicht dieses Mal die Kraft, dass der Wunsch Realität werden kann?

Es gab eine sehr interessante Untersuchung, bei der zahlreichen Studenten mit den unterschiedlichsten Geburtsdaten und -orten die gleiche Horoskopinterpretation als ihre eigene gegeben wurde. Alle Studenten fanden sich ausnahmslos in der Beschreibung wieder und waren überrascht, wie aussagekräftig ihr Horoskop war.

Jeder der Studenten hat seine eigene Resonanz gefunden und bestätigt.

Es kommt also nie darauf an, welche Karte Sie auswählen, sondern was Sie in sie hineininterpretieren. Und diese Interpretation entspricht den Emotionen in Ihrer Aura. Sie können nichts anderes denken.

Gibt es eine Prophezeiung von einem anderen Menschen in Bezug auf Ihr Leben, dann hat dieser Mensch wahrnehmen können, was in Ihrer Aura bereits präsent ist. Ob diese Vorhersehung Realität wird, hängt einzig und allein von Ihrem eigenen Bewusstsein ab. Sie können sich auf eine Vorhersage versteifen und sich selbst damit festlegen, dieses Ziel in der Zukunft zu erreichen. Pendeln, Kinesiologie und Rutengehen haben den gleichen Hintergrund.

Sicher haben Sie selbst schon oft »geahnt«, dass ein bestimmtes Ereignis auf Sie zukommt. Das bedeutet nur, dass Sie etwas wahrgenommen haben, was als Struktur vorlag. Sie sind dann sehr überrascht, wenn das Ereignis tatsächlich eintrifft und freuen sich über Ihre hellsichtigen Fähigkeiten.

Selbst jedes Buch, das Sie lesen und jeden Film, den Sie sich anschauen, erfahren Sie auf der Grundlage der Resonanzen. Oft können Sie ein Buch mehrmals lesen und erfahren jedes Mal eine andere Geschichte – je nachdem, inwieweit Sie sich in der Zwischenzeit verändert haben. Wenn Sie vor 20 Jahren den Film *Reifeprüfung* als Kultfilm erkoren haben, können Sie heute nichts mehr damit anfangen. Ihre Resonanzen haben sich verändert. Ihre Strukturen und Blockaden, die Sie damals den Film aussuchen ließen, haben sich gelöst. Heute stehen andere Themen auf Ihrem Auraprogramm.

Die sinnanalytische Aufstellung

Alle Spiegel meines Lebens kann ich in einer Aufstellung in Ruhe betrachten und durch die Distanz verstehen.

Es gibt eine sehr schöne und heilsame Möglichkeit, sich seine Spiegel anzuschauen und bewusst zu machen, um daraus zu lernen und somit zu heilen: die sinnanalytische Aufstellung.

Meine Freundin Ulrike will mich heute zu einer Aufstellung mitnehmen. Sie selbst hat diesen Tipp von ihrer Therapeutin bekommen, um die Verwicklungen in ihrer Beziehung zu klären. Da bin ich ja mal gespannt, was für einen Hokuspokus ich da erleben werde. Ich kann mir noch gar nichts vorstellen.

Am Abend gehen wir gemeinsam zu der Aufstellungsgruppe von ungefähr zwanzig Personen und stellen fest, dass wir keinen der Teilnehmer kennen. Die Leute sind jedoch alle nett und freundlich. Es herrscht ein positives Gefühl, als wir uns in einem großen Raum im Kreis hinsetzen. Wir fühlen uns wohl. Ich bin nervös und aufgeregt und fühle so etwas wie eine innere Vorfreude.

Die Therapeutin verliert keine langen Worte und bittet eine Frau, kurz in einem Satz ihr Thema, das sie für sich klären möchte, den anderen Teilnehmern im Raum zu schildern.

Die Frau sagt, dass sie große Probleme mit ihrer Tochter habe, die eine totale Kontrahaltung zu ihr habe. Sie sei sehr aggressiv und bringe sie an den Rand der Verzweiflung.
Die Therapeutin bittet die Frau, aus der Runde der Teilnehmer eine Stellvertreterin für sich selbst auszusuchen und diese in den Raum zu stellen, ganz nach ihrem Empfinden. Danach soll sie eine Person für ihre Tochter und dann eine Person für ihren Mann auswählen und ebenfalls an einen bestimmten Platz führen.

Da stehen also drei sich vollkommen Fremde mitten im Raum und auf einmal sagt die Stellvertreterin der Tochter: »Mir ist kotzschlecht, ich kann hier nicht bleiben.« Sie dreht sich um und stellt sich an den Rand der kleinen Gruppe. Die Stellvertreterin der Frau fängt an zu weinen.
Die Therapeutin schaut sich in der Runde um und geht auf mich zu. Sie reicht mir eine Hand und sagt: »Kannst du dich bitte als Wut hinstellen?«
Mir wird ganz schummrig, zuerst will ich ablehnen, aber dann stelle ich mich einfach zu den Personen im Raum. Ich stehe nah an der Stellvertreterin der Mutter. Kaum nehme ich meinen Platz ein, als ich meinen Magen fühle. Ich bekomme Schmerzen und die Luft bleibt mir fast weg. Ich sehe die Stellvertreterin der Mutter an und merke, wie mir selbst Tränen aufsteigen. Das Gefühl um den Magen

löst sich auf und ich spüre, wie ich extrem wütend werde. Die Wut richtet sich erst gegen die Tochter, dann gegen den Mann und nach einigen Augenblicken spüre ich die Wut gegen mich selbst.

Der Stellvertreter des Mannes wird der Stellvertreterin der Frau gegenübergestellt. Meine Wut wächst sich in eine Hitzewallung aus und ich könnte schreien.

Die Therapeutin geht wieder auf die Suche in die Runde der Teilnehmer und wählt sehr zielsicher meine Freundin mit den Worten: »Du bist hier jetzt die Lüge!« aus.

Meine Freundin grinst und geht langsam in die Gruppe. Sie stellt sich zunächst hinter das Mädchen, dann hinter die Frau und zuletzt zwischen den Mann und die Frau. Als sie dort steht, wird ihr schwindelig. Sie kann kaum stehen, aber Mann und Frau können sichtbar entspannen.

Ich habe als Wut deutlich das Gefühl, etwas sagen zu wollen. »Warum tust du mir so weh?« schreie ich den Mann an. »Warum belügst du mich?«

Der Stellvertreter des Mannes wird verlegen. Meine Freundin klebt inzwischen als Lüge an ihm. Sie kann nicht von seiner Seite weichen.

Die Stellvertreter-Tochter hat sich jetzt wieder zu der Gruppe gestellt. Sie ist sehr interessiert am Geschehen.

Die Therapeutin holt eine weitere Teilnehmerin in die Mitte und stellt sie als die neue Freundin des Mannes auf.

Ich kann mich schier nicht mehr halten vor Wut. Meine Freundin fühlt sich in dem ganzen Gemenge in ihrer Position als Lüge sehr wohl. Die Mutter weint und die Tochter entspannt sich und lacht.

Die Freundin des Vaters ist sehr selbstsicher und belächelt das Szenario.

Ich reiche als Wut intuitiv der Mutter eine Hand und gehe mit ihr auf den Vater zu. Ich übernehme es, für sie zu sprechen und sage ihm, wie weh er mir tut, warum er nicht ehrlich sein kann und warum er mich in den ganzen Jahren der Ehe nie wahrgenommen hat.

Er ist betroffen und entschuldigt sich, ich spüre, dass er es ernst meint und er und die Frau an meiner Hand können sich in den Arm nehmen. Die Tochter weint vor Rührung und Entspannung, meine Freundin kann den Kreis verlassen, da die Lüge nicht mehr nötig ist und ich werde als Wut ebenfalls überflüssig.

Die Stellvertreterin der Frau übergibt ihren Platz der tatsächlichen Frau, die die Aufstellung gemacht hat. Sie steht vor dem Stellvertreter-Mann und ist immer noch sichtlich betroffen. Sie dankt ihm für die Klärung und sagt, wie sauer und enttäuscht sie ist.

Die Stellvertreter-Tochter stellt sich zur Mutter und entschuldigt sich, sie nehmen sich in den Arm und die gesamte Situation entspannt sich.

Nach kurzer Zeit löst die Therapeutin die Situation auf, wir dürfen die Runde verlassen und uns hinsetzen.

Ich bin sprachlos. All das habe ich wirklich in mir gefühlt, es kam ganz selbstverständlich aus mir heraus, jeder Satz, jede Regung und jetzt bin ich wieder ich selbst.

Meine Freundin sitzt auf ihrem Stuhl und weint. Es war genau ihr Thema, was da soeben aufgestellt war. Und es war auch genau mein Thema, wir können es nicht fassen. Und wir standen genau in den Gefühlen, die uns gerade am meisten beschäftigen.

Die Therapeutin erklärt kurz, dass es ihr ausschließlich darauf ankam, dass Mutter und Tochter ein entspanntes Verhältnis bekommen. Alle anderen Aspekte habe sie hier jetzt nicht berücksichtigt. Die Tochter hatte die Lüge in der Familie übernommen und durch ihr Verhalten deutlich gemacht, das sei jetzt geklärt, nicht nur hier in der Aufstellung, sondern auch in der Realität.

Ich habe eine Gänsehaut nach der anderen. Was hat sich da gerade abgespielt? Ob sich in meinem Leben jetzt auch etwas ändert?

Gestalten – spiegeln – verändern. Diese drei Vorgänge prägen das gesamte Leben des Menschen.

Ihre Aura gestaltet Ihr Leben und Ihre gesamten Erlebnisse und Begegnungen und Sie selbst wissen nicht, wie Ihnen geschieht. Sie wollen Gesundheit, Glück, Erfolg und Lebensfreude, und Ihre Aura gestaltet Ihr Leben mit Problemen, Krankheiten und Misserfolgen. Was läuft schief?

Ihre Aura gestaltet Ihr Leben aus den Zutaten, die ihr zur Verfügung stehen: Die Kraft der Energie, der Blockaden und der Strukturen. Diese Gestaltung geschieht ohne Ihr bewusstes, aktives Zutun. Sie können nur bewusst wahrnehmen, was sich als Ergebnis zeigt. Sie haben bereits in der Beschreibung der Resonanzen viel über die Blockaden erfahren.

Mit diesem bewussten Wahrnehmen und dem Wissen, dass Sie selbst dieses Ergebnis gestaltet haben, sind Sie den meisten Ihrer Mitmenschen bereits weit voraus.
Jene erleben zwar die Auswirkungen, bringen sie jedoch nicht mit sich selbst in Zusammenhang. Sie jammern und schimpfen deshalb über die Verhältnisse, über die unglücklichen Zufälle, über die ungünstigen Umstände, über böswillige Mitmenschen, über die anderen, über dieses und über jenes.

Sie selbst möchten nun nochmals einen Schritt weitergehen vom Beobachten der Ereignisse hin zum Verstehen Ihres Lebens. Sie sind Ihr eigener Lebenswissenschaftler, der durch Beobachten, Vergleichen, Verändern, Vermuten, erneutes Beobachten die Muster erkennen und das Ziel herausfinden muss, das er sich für sein Leben gesteckt hat.

In der Fülle, der Hetze und der Anstrengung des Alltags sind Ereignisse für Sie nur inhaltlich wahrnehmbar, ihr eigentlicher Sinn geht unter.

In sinnanalytischen Aufstellungen lassen sich Vorgänge des Lebens betrachten und im Sinn verstehen. Damit werden die lästigen, belastenden und schmerzhaften Wiederholungskreisläufe aufgelöst und es entwickelt sich die Lebensqualität, die Sie eigentlich anstreben.

Der praktische Ablauf einer Aufstellung

Zu einer sinnanalytischen Aufstellung kommt eine Gruppe von Menschen zusammen, die gemeinsam Erklärungen für Ereignisse finden möchten. Einer der Anwesenden stellt das Thema in den Raum, das er gerne aufklären möchte. Er sucht dann aus den Teilnehmern Stellvertreter für sich und für die betroffenen Personen aus und stellt sie im Raum auf.

Die aufgestellten Personen erleben Empfindungen in sich selbst und zu den anderen.

Der Aufstellungsleiter hat ständig die Energiefelder im Blick, die während der Aufstellung zwischen den Teilnehmern wirken. Die auftretenden Dynamiken, Strukturen und Blockaden werden vom Aufstellungsleiter, der diese Blockaden wahrnehmen kann, geleitet.

Stellvertreter für Dynamiken, Strukturen und Blockaden werden in die Stellung eingeführt, um Lösungen zu ermöglichen. Solche Stellvertreter können z. B. sein:

Kommunikation, falls sich ein Aufstellungsteilnehmer nicht äußern kann,
Lüge, falls sich im Gruppenenergiefeld der Aufstellung eine Lügenstruktur zeigt,
Angst, falls sich eine Angststruktur zeigt,
Wut, **Trauer**, **Glaubenssätze**,
und vieles mehr.

Es können auch Stellvertreter für Ereignisse in die Stellung eingeführt werden, falls das Gruppenenergiefeld dies erfordert. So können menschliche Stellvertreter für materielle Dinge aufgestellt werden, z. B. für Geld, für Krankheit, für einen Körperteil, für ein Haustier, für die Firma oder für den Staat.

Welche Themen können aufgestellt werden?

Da alle Vorgänge des Lebens in jeder Aura abgespeichert sind, kann im Rahmen einer sinnanalytischen Aufstellung jede Thematik aufgestellt werden, jedes vergangene oder zukünftige Ereignis, jedes Erlebnis, jede Begegnung. Die Aufstellung macht lediglich materiell als Spiegel im Raum sichtbar, was in energetischer Form vorliegt.

Dies gilt für den privaten Lebensbereich, für die Vorgänge innerhalb von Firmen, für die Geschäftsbeziehungen von Firmen zueinander, für die internationalen Beziehungen von Staaten, für die Beziehungen von Menschen zu Tieren, für Geldströme in Bezug auf Menschen.

Dies gilt in gleichem Maße für das Zusammenspiel von Organen innerhalb eines Körpers, für das Zusammenwirken von Arbeitskollegen in einer Firma oder von Menschen innerhalb eines Staates.

Es gilt für die Transplantation eines Fremdorgans in einen Körper, die Aufnahme eines neuen Partners in eine Familie oder für die Integration eines neuen Mitarbeiters in ein Team.

Durch eine sinnanalytische Aufstellung kann vieles von dem erklärt werden, was ansonsten im Nebel des Zufalls bleibt.

Dies gibt Chancen für Bewusstsein und Veränderung.

Wenn Sie alte Lektüren über betriebswirtschaftliche Erkenntnisse mit neuesten Werken vergleichen, werden Sie erkennen, dass früher vieles für Zufall gehalten wurde, was heute zum Erklärungsstandard dieser Lehre gehört. Gleiches werden Sie feststellen, wenn Sie die Erkenntnisse aus Wissenschaft und Technik früherer Jahrzehnte mit dem Standard von heute vergleichen. Ebenso sind die heutigen Erkenntnisse der Heilenergetik nicht vergleichbar mit dem Wissensstand früherer Jahrzehnte und Jahrhunderte, als die Wirkungsweise der Energiefelder der Esoterik oder Mystik zugewiesen wurde.

Heute stehen für den Einzelnen neue Möglichkeiten zur Verfügung, die er für seine persönliche Entwicklung nutzen kann.

Das Leben, um es bewusst und kraftvoll leben zu können, erfordert immer Integration, niemals Abgrenzung. Integration bedeutet, die universelle Vielfalt aller Puzzleteilchen zu einem Gesamtbild zusammenzusetzen.

Abgrenzung dagegen würde bedeuten »igittigitt, die roten und die gelben Teilchen mag ich nicht, die werfe ich weg!«

Alles, was Sie erleben, und all Ihre Gefühle gehören zu Ihnen. Sie können sie annehmen und schauen, was Sie daran zu lernen haben. Dann werden Sie selbst immer bewusster. Abgelehnte Teile führen früher oder später in Krankheit oder eine andere Lebensproblematik.

Wieso sind die Aufstellungen individuell?

Sie werden hier keine Sachverhalte lesen, die Ihnen suggerieren, man könne vom Leben des einen Menschen Schlüsse auf das eines anderen ziehen. Was dem einen Menschen auf den Magen schlug, kann beim anderen zur Trennung vom Partner führen und beim dritten zu einer Verletzung seines Reitpferdes. Die Lösung eines Themas gelingt nur, wenn Offenheit für die unendlichen Möglichkeiten des Lebens vorhanden ist. Insoweit werden sinnanalytische Aufstellungen nicht nach einem festgelegten System durchgeführt. Wer ein vorgegebenes Ideal-System anstrebt, kann aus der detailgetreuen Wiedergabe von möglichst vielen Aufstellungen auf Systematiken schließen und gleich einem Schachspieler lernen, möglichst viele Züge einer Eröffnung im Voraus zu kennen. Dem Leben in all seiner individuellen Vielfalt wird dies jedoch nicht gerecht. Eine sinnanalytische Aufstellung orientiert sich ausschließlich am Bedarf des Klienten.

Durch die Aufstellungen werden die Wirkungen des Energieflusses und der Blockaden offensichtlich.

Bedenken Sie, dass diese Energien wirken – ganz egal ob Sie sie erkennen oder nicht. Solange Sie diese Vorgänge jedoch nicht kennen oder gar ignorieren, werden Sie Opfer Ihnen unbekannter Abläufe sein.

In den Aufstellungen werden Vorgänge aufgedeckt, es entstehen Aha-Effekte. Sie verstehen die Zusammenhänge in Ihrem Leben und finden Lösungen für Ihre Probleme.

In Beschreibungen zur Aufstellungsarbeit ist häufig die Rede von »mystischen Wirkungen«, die sich in Aufstellungen zeigen. Wer die Hintergründe der Energiefelder nicht kennt, sondern nur ihre Ergebnisse beobachtet, mag in der Tat an mystische Wirkungen glauben. Wer die physikalischen oder technischen Hintergründe nicht kennt, würde auch die Funktionsweise eines Telefons, eines Fernsehapparats, eines Automobils oder eines Flugzeugs für mystisch halten. Auch manche Vorgänge in der Natur oder die Veränderungen des Wetters muten mystisch an, wenn die Hintergründe nicht bekannt sind.

Tatsächlich sind die Abläufe in sinnanalytischen Aufstellungen logisch erklärbare Wirkungen der menschlichen Energiefelder. Es ist das Sichtbarwerden der Blockaden und Strukturen in den Energiefeldern, die in den Alltagsabläufen ihre Resonanz in Form belastender Ereignisse haben.

Die Teilnahme

Die Teilnahme an sinnanalytischen Aufstellungen ist praktisch erlebte Heilenergetik für jedermann.

Sie müssen nicht selbst ein eigenes Thema aufstellen. Viel wichtiger ist die regelmäßige Teilnahme, um die Wirkungsweise der Energiefelder zu verstehen. Die Gruppendynamik an den Aufstellungstagen wirkt immer auch auf Ihr eigenes Energiefeld. Sie verstehen Abläufe und klären Ihre eigenen Themen, ohne sie selbst aufstellen zu müssen.

Sie werden niemals zufällig und unmotiviert als Statist an einer Aufstellung teilnehmen. Sie haben immer einen Bezug zu der Position, für die Sie aufgestellt werden. Nehmen Sie Ihre jeweiligen Positionen bewusst wahr und lernen Sie sich dadurch besser kennen. Sie können Ihre aktuellen Lebensaufgaben lösen, ohne die Themen im Alltag, in der Ehe, im Beruf oder in Form von Geldproblemen oder Krankheiten aufarbeiten zu müssen.

Teilnehmer, die aufmerksam bei der Sache sind, erkennen sehr schnell, was für sie aktuell im Leben ansteht. Sie arbeiten an der Beziehung zu Ehefrau oder Tochter, optimieren ihre Entscheidungsfähigkeit, achten auf ihren Alkoholkonsum, auf ihre Affinität zu Gewalt, Lüge oder Angst.

In den Aufstellungsgruppen finden sich Menschen zusammen, die sich miteinander entwickeln. Menschen, die erkennen, dass Aufgaben die Triebfeder des Lebens sind und es viel Spaß macht, seine Aufgaben zu erledigen. Themen werden untereinander besprochen. Fragen werden jederzeit sofort vom Aufstellungsleiter beantwortet.

Es ist nicht sinnvoll, Fragen unbeantwortet zu lassen und ihre Klärung »dem Prozess anheimzustellen«, denn dies schafft Ohnmacht, Angst und das ungute Gefühl, allein gelassen zu werden.

Sinnanalytische Aufstellungen können von jedem in das Alltagsleben integriert werden, so wie die Wettervorhersage jeden Abend Bestandteil der Tagesschau ist. Sie planen Ihre Kleidung, Ihre Fahrstrecke, Ihre Freizeitgestaltung oder Ihre Gartenarbeit anders, wenn Sie wissen, ob das Wetter sonnig oder regnerisch wird oder ein Wintereinbruch bevorsteht.

Die Teilnahme an Aufstellungen sollte deshalb nicht als Jahrhundertereignis gesehen werden, das man einmal in seinem Leben macht und als großes Geheimnis für sich behält.

Stellen Sie sich vor, Sie hören einmal im Leben den Wetterbericht und erzählen niemandem weiter, was Sie gehört haben. Sie wissen dann einmal, wie das Wetter am nächsten Tag sein wird und stellen sich darauf ein. Sie ziehen eine warme Jacke an und nehmen einen Regenschirm mit.

Ihre Frau und das befreundete Ehepaar frieren und werden nass.

Für den Rest des Lebens lassen Sie sich dann wieder von Sonne, Regen und Schnee überraschen, gießen den Garten, obwohl Regen ansteht, versäumen, Ihre Pflanztöpfe ins Haus zu stellen, obwohl Nachtfrost bevorsteht und werden im Straßenverkehr von Schnee überrascht.

Wie- und Warum-Aufstellungen

Wie auch bei den Themen der Resonanz können bei den Aufstellungen verschiedene Intensitäten erlangt werden. Hierfür werden die Wie- und die Warum-Aufstellungen unterschieden.

Bei den Wie-Aufstellungen bleibt die Fragestellung an der Oberfläche:

Wie fühlt sich ein Mensch in seiner Position? Diese Art der Aufstellung kann gut in allen Lebenssituationen eingesetzt werden, um kurz die Möglichkeit zu haben, sich in jemand anderen oder in eine Situation hineinzuversetzen. Wie fühlen sich die verschiedenen Kollegen? Passt das Team zusammen?
Wie fühlt sich mein Kind in der Schule? Ist es die richtige Schule für mein Kind?
Wie fühlt sich mein Haustier in meiner Gegenwart?

Die Warum-Aufstellung klärt den tieferen Hintergrund der Emotionen. Auf die kurzen Beispiele bezogen:

Warum fühlt sich der Kollege so? Was ist die Ursache für seine Emotion?
Warum ist die Schule nicht richtig für mein Kind? Welche emotionalen Verwicklungen gibt es?
Warum fühlt mein Pferd sich schlecht? Warum übernimmt mein Pferd diese Emotionen von mir?

Um Ihnen den möglichen Einsatz von Aufstellungen zu verdeutlichen, gebe ich Ihnen im Folgenden noch einige Themenbeispiele:

Partnerschaftsthemen:

Der Mann, der die Bedürfnisse seiner Frau nicht sieht, der sich ganz der Arbeit aufopfert, seinen Angehörigen alles bieten möchte und doch das Wichtigste vergisst: die herzliche Zuwendung.
Die Frau, die sich in Familienthemen verstrickt und dadurch die Beziehung zu Ihrem Partner aufs Spiel setzt.
Mutter-Sohn- und Vater-Tochter-Beziehungen,
ungewollte Kinderlosigkeit,
Themen von Ablehnung, Missachtung,
Ängste und Lügen in allen Variationen.

Sinnanalytische Aufstellungen können Frauen das Denken und Fühlen von Männern und Männern das Denken und Fühlen von Frauen vermitteln. Das ist die einzige Möglichkeit, das partnerschaftliche Zusammenleben dauerhaft zu gewährleisten. Ein Großteil der Trennungen müsste nicht sein, wenn man rechtzeitig die gedankliche und emotionale Entwicklung des Partners begreifen und verstehen würde.

Das Verstehen des Sinns und Hintergrundes ungewollter Kinderlosigkeit kann die Anstrengungen zur künstlichen Befruchtung in ein neues Licht rücken.

Erziehungsthemen:
Der Umgang mit Kindern;
Verhaltensweisen von Eltern ihren Kindern gegenüber;
Schulprobleme;
Gewaltthemen;
Krankheiten, Ängste, Allergien und Verhaltensauffälligkeiten von Kindern.

Probleme minderjähriger Kinder in Familien sind in der Regel nur die Symptome von Themen der Eltern. Eine Behandlung der Symptome beim Kind bringt keine dauerhafte Lösung. Nur die Ursachenbearbeitung bei den Eltern führt zum Ziel.

Familienthemen:
Söhne oder Töchter als Partnerersatz;
Familienlügen, die Generationen einbinden und blockieren;

Glaubenssätze oder Weltanschauungen, die die Entwicklung der Familienmitglieder hemmen;
ein Mitglied der Familie leidet unter den Energiefelddynamiken der Gruppe;
ein Vorgang, der Generationen später belastend wirkt.

Familienlügen können Abtreibungen oder Totgeburten sein, die verschwiegen wurden. Es können auch Gewalttaten sein oder schlichte Missverständnisse, die überbewertet wurden.

Berufsthemen:
Mangelnder beruflicher Erfolg,
Unzufriedenheit mit dem Beruf,
Probleme mit der Karriere,
Arbeitslosigkeit,
Wahl der wesensgerechten Arbeitsstelle und vieles mehr.

Menschen mit der gleichen Ausbildung können unterschiedlich erfolgreich sein.
Häufig wird der Beruf gewählt, um dem Vater oder der Mutter zu gefallen.
Mangelndes Vertrauen der Eltern in die Leistungsfähigkeit des Kindes kann lebenslang blockierend wirken.
Glaubenssätze können der erfolgreichen Berufsausübung entgegenstehen.

Geldthemen:

Geld zerrinnt zwischen den Fingern,
Eheprobleme führen zu Geldmangel,
Geld kann sich regelrecht langweilen und sich aktivere Besitzer suchen,
Geld will beachtet und beschäftigt werden.
Geld ist nicht an Anstrengung gebunden.
Glaubenssätze und übernommene Meinungen stehen dem Geldfluss im Weg.

Geldthemen können individuell oder international sein.
Sie sind sehr vielfältig und allgegenwärtig.

Tierthemen:

Krankheiten und Verhaltensauffälligkeiten von Haus- und Reittieren:
Headshaking, Hufrehe, unkontrollierte Körperfunktionen, Hautprobleme,
Startboxverweigerung,
Verweigerung an Hindernissen,
Prüfungsversagen bei Sporttieren und vieles mehr wurde bereits erfolgreich sinnanalytisch bearbeitet.

Das Tier steht im Energiefeldsystem seines Herrchens bzw. seiner Familie oder der Sportgemeinschaft, zu der es gehört. Es nimmt Unstimmigkeiten sehr direkt und ungefiltert wahr und zeigt dies durch sein Befinden.

Wohnungsthemen:

Die Wohnung und das Wohnumfeld stehen im direkten Zusammenhang mit den Bewohnern.

Wohnungen oder Häuser können die Gemeinschaft ihrer Bewohner fördern oder eher auf Trennung ausgerichtet sein.

Schlafstörungen, Kopfschmerzen oder andere Einschränkungen des Wohlbefindens der Bewohner können im Zusammenhang mit der Wohnung stehen.

Es können Fragen aufgestellt werden, die mit der Wohnungssuche, der Wahl zwischen mehreren Angeboten oder Wohnorten, der Frage, ob mieten oder kaufen, der Überlegung, ob man alleine oder mit dem Partner einziehen sollte usw. zusammenhängen.

Firmenthemen:

Auswahl von Bewerbern,

Zusammenstellung von Teams,

Produktthemen und Standortfragen,

Hintergründe für Mobbing, Diebstahl, Spionage, Patentverletzungen,

Fragen der Unternehmernachfolge,

der Zuverlässigkeit von Personen und viele andere Themen.

In Zeiten, in denen der internationale Wettbewerb stärker und die Kalkulationsspannen kleiner werden, ist es erforderlich, jede Möglichkeit zu nutzen, um Entscheidungswissen zu erlangen. Sinnanalytische Aufstellungen können die Analysemöglichkeiten der Betriebswirtschaft entscheidend erweitern.

Die Betriebswirtschaft hat die inhaltlichen Möglichkeiten zur Analyse von Daten und zur Vorbereitung von Entscheidungen in den vergangenen Jahrzehnten sehr verfeinert. Sie bleibt jedoch auf der inhaltlichen Ebene und endet überall dort, wo es um Sinnfragen geht.

Sinnanalytische Aufstellungen können Sinnfragen klären und damit ein abgerundetes Bild schaffen.

Eine Firma ist ein Gruppenenergiefeld mit allen Dynamiken und Verflechtungen zu anderen Energiefeldern, sowohl individuellen Energiefeldern als auch anderen Gruppenenergiefeldern.

Besondere Themen:

Am Rande sei darauf hingewiesen, dass sich natürlich auch Vorgänge sinnanalytisch hinterfragen lassen, die Sie aus der Presse oder aus dem Fernsehen kennen.

So etwa die Problematik des Jungen, der in der Türkei wegen des Verdachts der Vergewaltigung inhaftiert war; das Phänomen der mehrfachen Verweigerung eines Olympiapferdes im internationalen Wettkampf, das Thema Amoklauf in einer Schule und anders mehr. Auf diese Weise kann auch die Verletzungsserie einer Profimannschaft, die Hemmung eines Torjägers oder die Niederlagenserie eines Vereins analysiert werden.

All diese Themen sind äußerer Ausdruck oder Symptom einer Blockade oder Struktur im Gruppenenergiefeld und in den Verbindungen zwischen verschiedenen Gruppenenergiefeldern.

Mit sinnanalytischen Aufstellungen können die Hintergründe geklärt werden, mit der Folge, dass die Symptome nicht mehr auftreten müssen.

In einer Aufstellung können Sie Ihr gesamtes Energiefeld wie in einem Spiegel betrachten. Vieles wird Ihnen auf Anhieb klar, und Sie haben einen großen Nutzen für Ihren Alltag.

Was ist aus der Resonanz der Welt zu lernen?

Die einzige Chance,
die Welt zu verändern:
Schauen Sie in Ihren
Spiegel!

Jetzt sitze ich hier und wundere mich über mein Leben. Irgendwie ist es das Wichtigste, was man bei uns hier in der Schule nicht lernt: zu leben und das Leben zu verstehen. Man lernt rechnen, sich anpassen, schreiben, sich selbst nicht zu fühlen, Geografie, immer präsent und freundlich zu sein, auch wenn man keine Lust hat, Geschichte, irgendjemanden als Autorität zu sehen, der überhaupt keine Ausstrahlung hat.

Aber zu leben lernt man nicht.

Glücklich zu sein lernt man auch nicht.

In einer Partnerschaft zu leben lernt man auch nicht.

Kinder anzuleiten lernt man auch nicht.

Ich habe 50 Jahre daran gearbeitet, die Eigenverantwortung endgültig abzugeben. Jetzt fehlt sie mir und ich mache mich auf die Suche. Nach mir, nach dem verlorenen Leben, nach einem Sinn. Ich will mein Leben endlich so gestalten, wie ich es mir vorgestellt habe. Ich will meine Eigenverantwortung zurückerlangen.

Der Weg, den Sie jetzt beschreiten können, bringt Ihnen Ihr eigenes Leben immer näher. Sie bekommen wieder einen Bezug zu sich selbst, Sie entwickeln Ihre Spiritualität und finden Ihr Wesen, Ihren Kern. Sie finden Ihren verloren gegangenen Selbstwert und Ihre Eigenverantwortung.

Sie finden SICH.

Jede Art von Resonanz und Spiegel ist immer nur individuell zu deuten. Da jeder Mensch seine eigene Erfahrungswelt abgespeichert hat, kann jeder seine Spiegel nur selbst deuten. Ein anderer kann Anregungen bringen und seine Sichtweise anbieten. Was ein Spiegel für Sie bedeutet, fühlen nur Sie selbst. So wie bei der Aufstellung in unserer Geschichte jeder seine Position eingenommen hat, hat jeder in seinem Leben eine Position mit all seinen Emotionen.

Wie bringen diese Tatsachen Unterstützung, Hilfe und Veränderung in Ihr Leben?

Erinnern Sie sich an die Geschichte am Anfang dieses Buches. Die Beschreibung des ganz normalen Alltags, den Sie sich hier, bei dieser Inkarnation als Mensch ausgesucht haben, ist geprägt von negativen Bewertungen, Leid, Last, Resignation und Schwere. Die Tage schleppen sich so dahin, meist mit irgendeinem fernen Ziel, auf das Sie hinleben. Die Rente ist beispielsweise in unserer Gesellschaft ein beliebtes Ziel in der Zukunft, mit der anscheinend die große Freiheit in das Leben kommt. Vergessen Sie dabei nicht, dass auch eine große Freiheit zunächst einmal gedacht werden muss, um sie dann im Leben schaffen zu können. Wenn das Leben geprägt ist von Beschränkungen, wird auch das große Ziel der Freiheit irgendwann in der fernen Zukunft in der Beschränkung versinken. Also warum sollten Sie länger mit Ihrem Leben warten als bis genau jetzt?

Sie haben gesehen, wie sich Ihr Leben aus den Gegebenheiten Ihrer Aura entwickelt.
Sie haben nachvollzogen, wie sich jede Struktur und Blockade in einer für Sie erlebbare Form und Realität in Ihrer Umgebung materialisiert.
Sie haben einen Ansatz finden können, Ihre eigenen körperlichen Erkrankungen und Themen zu verstehen.

Dies ist der einzige Weg, um wieder Vertrauen in das eigene Leben zu gewinnen. Allein durch die Betrachtung Ihres Lebens unter all den beschriebenen Gesichtspunkten bekommen Sie einen neuen Zugang zu den Zusammenhängen Ihres individuellen Lebens.

Zusammenhänge zu begreifen bedeutet, den ersten Schritt zu machen, um heil zu werden.

Dieses Heilwerden ist gleichzusetzen mit dem Gefühl, angekommen zu sein. Sie sind angekommen in Ihrem

Leben. Sie haben die alten Muster verstanden und losgelassen, Sie haben Verantwortung für Ihr Leben übernommen und sind heil. Nur Sie können Ihr eigenes Leben verstehen, und auch nur Sie können die eigenen Resonanzen verstehen. Sie allein sind der absolute Fachmann für sich selbst!

Der Weg hin zu dieser Erkenntnis ist der schwierigere Teil – und den haben Sie hinter sich! Alles, was Sie bisher erfahren und erlebt haben, ist hierfür die Grundlage. Darauf können Sie aufbauen.

Die Umsetzung in Ihre aktive Lebensplanung ist eine reine Frage der Entscheidung.
Sie können diese Entscheidung jetzt treffen.

Sie erschaffen eine komplett andere Realität, indem Sie Ihre Aura klären und die mit Ihren Emotionen zusammenhängenden Strukturen lösen. In dem Moment, in dem die Struktur erkannt und gelöst ist, beginnen Sie, eine neue Umgebung zu schaffen.

Erkennen Sie bei sich selbst die nicht gelebten Aggressionen und lösen Sie sie auf, so verändert sich der aggressive Nachbar oder das aggressive Kind in Ihrer Umgebung. Wenn Sie nur die Nachbarschaft durch einen Umzug verändern oder mit dem Kind schimpfen, weil es so aggressiv ist, ändern Sie nur das Symptom.

Die Ursache der Aggression bleibt bestehen und Sie werden weiter die Aggression in Ihrer Umgebung erleben.

So verhält es sich mit allen Strukturen der Aura. Bleiben diese erhalten oder werden durch wiederkehrende Ereignisse sogar noch manifestiert, werden sich die Ereignisse im Umfeld immer massiver wiederholen. Wieder und wieder werden Sie auf Ihre Strukturen durch Ihre Emotionen aufmerksam gemacht. Jedes Mal ist dies eine Gelegenheit, die eigentlichen Zusammenhänge zu erkennen.
Bei den meisten Menschen besteht dann die letzte Möglichkeit darin, den Körper erkranken zu lassen.

Man könnte sich folgendes Zwiegespräch zwischen Körper und Seele vorstellen: Die Seele sagt: »Ach, lieber Körper, der Mensch hört einfach nicht auf meine Emotionen und meine Bitten, etwas zu ändern!« Der Körper antwortet: »Dann lass mich mal machen, ich werde krank, denn auf mich muss er hören!«

Machen Sie sich auf den Weg des Gestaltens, Spiegelns und Veränderns und erleben Sie, wie darüber in Ihrer ganz persönlichen Umgebung Frieden und Gesundheit einkehren.

Stellen Sie sich vor, dass jeder Mensch so für sich Veränderung in seinem Leben herbeiführen kann – und nur so. Überall führt dies zu Bewusstsein und Klärung und infolgedessen zu Frieden und Verständnis.

Die Arbeit mit und an sich selbst ist die *einzige* Möglichkeit, die Welt zu verändern.

> **Das Leben macht Spaß und bringt Gesundheit und Frieden, wenn Sie die Spielregeln verstanden haben. Entdecken Sie die Notwendigkeit, sich selbst zu lieben und finden Sie den individuellen Weg dorthin!**

Mehr Information zur Bewusstseinsarbeit und zur genauen Beschreibung der Strukturen und ihrer Wirkungsweisen finden Sie in meinem Buch *Heilenergetik.*[*]

---

[*] Heilenergetik – Die eigene Aura stärken. Das Leben bewusst gestalten. Mit mentalen und energetischen Aufbau-Übungen, Schirner Verlag, Darmstadt 2009.

Ein neuer Tag

Der Wecker klingelt und ich erinnere mich an die Gedanken des Abends zuvor. Ich atme durch und überlege kurz, was mir am heutigen Tag Freude bereiten könnte.
Ich gehe in die Kinderzimmer und wecke jedes Kind mit einem Kuss und einem »Guten Morgen« auf. Ich kraule sie kurz wach und freue mich innerlich über meine beiden gesunden und lebhaften Rangen. Sie kommen gemeinsam an den Tisch gerannt und mein Sohn füllt meiner Tochter als erstes die Cornflakes in die Schüssel. Sie frühstücken friedlich, als mein Mann erscheint.

Ich bitte ihn, demnächst früher aufzustehen, weil ich die Ruhe beim Frühstück wichtig für den Tagesbeginn für uns alle finde. Er wundert sich, setzt sich hin und trinkt seinen Kaffee. Ehe er die Zeitung lesen kann, frage ich nach seinem Tag im Büro. Er schaut mich fragend an, lächelt mir zu und erzählt von der Teambesprechung, die er für den heutigen Vormittag angesetzt hat. Danach wünscht er mir einen schönen Tag und fährt mit den Kindern los.

So, das wäre schon mal ein guter Anfang.

Es bedarf einiger Übung und Disziplin, jeden Morgen den Tag bewusst zu beginnen und sich nicht von der alltäglichen Routine herunterziehen zu lassen. Wenn es mir jedoch selbst wichtig ist, wird es klappen, da bin ich ganz sicher.

Das Aufräumen geht mir schneller von der Hand als sonst und es gehen mir keine Gedanken des Grolls durch den Kopf. Ich genieße sogar das aufgeräumte Haus und bin gespannt auf den Badezimmerspiegel.

Ich sehe mich, nackt, faltig, aber lächelnd. Das bin ich. Viele Erfahrungen, ein Bauch, in dem die Kinder gewachsen sind, ein Busen, der sie gestillt hat und ein Gesicht, das viel gelacht, aber auch geweint hat. Wie langweilig wäre es, wenn es keine Falten hätte. Dann hätte es das ganze lange Leben mit allen Erlebnissen und Begegnungen doch nicht wirklich gelebt!

Leben hinterlässt Spuren und ich entscheide jetzt, dass mir diese Spuren sehr gut gefallen. Das Eincremen nach dem Duschen tut mir gut. Ich fühle die weiche Haut und bin wunderbar entspannt, so ganz allein mit mir.

Die Freundinnen haben die üblichen Gespräche, aber ich höre auf einmal etwas ganz anderes. Seit Jahren nerven wir uns mit diesem gleichen Geplapper, das eigentlich völlig uninteressant ist. Bisher habe ich immer mitgeredet, weil ich nicht wusste, was ich sonst sagen sollte. Ich wollte dazugehören und habe mich ihren Gesprächen angepasst.

Als Ulrike wieder anfängt, über ihren Mann zu schimpfen, stimme ich nicht brav nickend in ihre Meinung ein, sondern sage: »Vielleicht versuchst du mal, deinen Mann zu verstehen. Sind dir deine Lügen nicht zu anstrengend?«

Ich ernte verständnislose Blicke. Sie halten mich für eine Spielverderberin und fallen plötzlich über mich her. Nun sind nicht mehr die Männer Thema Nummer eins, sondern die Verräterin in den eigenen Reihen.

Ich glaube, ab Morgen gehe ich nicht mehr mit ihnen joggen. Ihre immer gleichen Themen berühren mich nicht und ich will lieber etwas verändern, als lebenslang an den alten Geschichten haften zu bleiben.

Ich freue mich, den Kindern etwas Leckeres zu kochen. Ich frage nach ihren Erlebnissen in der Schule und mache ihnen den Vorschlag, etwas zu unternehmen. Nach dem Essen räumen wir gemeinsam schnell die Küche auf, ohne Zank.
Es ist auch nicht so schlimm, wenn es nicht ganz blitzsauber ist. Schließlich ist es mein Haus und es hat niemanden zu interessieren, wie es dort aussieht.
Der Hund freut sich so sehr, dass wir gemeinsam spazieren gehen, dass er sogar vergisst, sich zu kratzen. Seine Augen funkeln wie früher und die Kinder tollen begeistert mit ihm herum.

Meine Tochter fragt mich, wie ich früher als kleines Mädchen war. Sie können es sich nicht vorstellen, dass ihre Mutter auch mal Kind war. Ich erzähle von ihrer Oma und dem Opa und meinen eigenen Gefühlen als Kind. Mein Sohn lächelt spöttisch und macht ein paar blöde Bemerkungen über Mädchen. Aber es trifft mich nicht. Ich bin gerne eine Frau und stehe zu dem Gefühlschaos, zu dem Frauen neigen.

Das Telefonat mit Oma verläuft auch anders als sonst. Ich höre mir ihre gleiche Geschichte an und sage dann nur, »schade, dass du es nicht früh genug für dich geändert hast. Ich bin heute in meinem Leben glücklich. Vielleicht kannst du ja auch deine restlichen Jahre mit Opa in Frieden genießen.« Am anderen Ende ist Ruhe. »Ja, da hast du wohl recht«, dann hängt sie ein. Ich fühle mich wohl und weiß, dass die mühsamen Telefonate damit wohl ein Ende gefunden haben.

Mein Mann kommt überraschend früh nach Hause und will mit mir und den Kindern gemütlich zu Abend essen. Seinen Fahrradkollegen hat er für heute abgesagt. Er will mal ausspannen und wissen, was die Kinder zurzeit in der Schule machen. Er spielt mit ihnen Federball und kümmert sich liebevoll um seine Tochter.

Am Abend schauen wir gemeinsam Fußball, aber in der Halbzeit stellt er den Fernseher aus und wir gehen noch ein wenig spazieren. Er erzählt viel vom Büro und fragt mich, wie es eigentlich so geht und was die Freundinnen treiben.

Nach diesem Tag schnarcht er nicht einmal mehr, denn Schnarchen ist ein Spiegel dafür, dass man in seinem Alltag zu wenig über sich selbst und seine wahren Gefühle redet.

Mein Resultat für diesen Tag: Ich nehme mich und meine Bedürfnisse von nun an ernst. Ich höre auf zu projizieren. Ich bin für mich und meine Gefühle selbst verantwortlich. Ich übernehme Verantwortung für meine Gedanken, Worte und Taten.

Die Veränderung meiner Lebenshaltung hat sich sofort ausgewirkt. Nur ich kann etwas an meinem Leben ändern, wenn ich merke, dass etwas nicht stimmt.
Meine Mitmenschen dienen in meinem Leben als Aspekte und als Spiegel für meine Person und meine Blockaden. Sie verändern ihr Verhalten sofort, wenn ich meine Haltung verändere.

Wenn wieder schlechte Laune und Schwierigkeiten in mein Leben kommen, werde ich sofort meine eigene Haltung anschauen und infrage stellen. Wenn ich mich kläre, trage ich erheblich zum Frieden in der Welt bei. Und das wollen wir doch eigentlich alle, oder?

Also fangen wir damit an!

Nachwort

In den Heilenergetiker-Kursen beschäftigten wir uns mit dem Gestalten – Spiegeln – Verändern.

In einer harmonischen Gruppe, in der ein herzliches Miteinander herrscht, ist es leicht, sich die Ergebnisse seiner bisherigen Lebensgestaltung anzuschauen. Was man sieht, ist nicht schlimm, sondern es ist, wie es ist. Wichtig ist nur, zu erkennen und zu begreifen, dass es die eigene Gestaltungskraft war, die all das zustande gebracht hat, was der Einzelne als sein Leben, als sein familiäres, privates und berufliches Umfeld bezeichnet. Und wichtig zu erkennen ist auch, dass alles einen Sinn hat.

Wer es geschafft hat, das Ergebnis seiner eigenen Gestaltung bewusst zu erkennen, kann seine weitere Gestaltung ab sofort verändern und erzielt automatisch andere Ergebnisse.

Hierzu tragen die Übungen zur Stärkung der Aura und zur Beseitigung der blockierenden Strukturen, wie sie im Buch *Heilenergetik* beschrieben sind, wesentlich bei.

Regelmäßige sinnanalytische Aufstellungen begleiten den Kurs und führen zu tiefem Verständnis des eigenen Lebens und seiner Zusammenhänge.

Ein kraftvolles, bewusstes und geklärtes Energiefeld schafft einen gesunden Körper und ein entspanntes und heiles Umfeld.

Die Autorin

 *Mein Leben sehe ich wie ein großes Puzzle-Spiel.*
Jedes Teilchen hat seinen Sinn und ohne es würde das bunte Bild meines Lebens nie fertig. Manche Teilchen erscheinen auf den ersten Blick weniger schön und manche scheinen nirgends zu passen, jedoch möchte ich keines missen.

Meine Eltern, Geschwister, Partner und Kinder sind die Teilchen, die meinem Lebenspuzzle den Rahmen geben. Ohne sie fehlte es an Stabilität und ich bin ihnen allen jeden Tag aufs Neue dankbar.
Meine Schulzeit, meine zahlreichen Ausbildungen und die Beschäftigung mit verschiedenen Philosophien haben nach und nach das Bild in seinem Facettenreichtum ergänzt.

Stefanie Menzel, Jahrgang 1959, vier Kinder, ist Dozentin, Autorin, Künstlerin, Coach und philosophisch-spirituelle Lebensberaterin.

Sie widmet ihr ganzes Leben der Erforschung des spirituellen Hintergrunds und dem Sinn der menschlichen Existenz.

Aus diesem Wissen und ihren Erfahrungen heraus, ergänzt um ihre hellsichtigen Fähigkeiten, hat sie eine energetische Lebensphilosophie und die sinnanalytische Aufstellungsarbeit entwickelt.

Wie in ihrem Buch vermittelt sie auch in ihren Seminaren spirituelle und philosophische Inhalte auf sehr alltagstaugliche und umsetzbare Art und Weise.

Für die menschliche Existenz ist es wichtig, nach langen Jahren der Wissenschaftlichkeit zu einem neuen zusammenhängenden spirituellen Erleben und damit zu konsequenter Eigenverantwortung zu kommen. Und dies nicht nur in der Theorie, sondern in einer alltagstauglichen und lebensunterstützenden Form. Spiritualität ist heute selbstbestimmt und nicht mehr abhängig von spirituellen Meistern, jeder kann und sollte die eigene Spiritualität entdecken und erleben können und feststellen, wie wichtig und beglückend es ist, auf diesem Weg zu einer individuellen Ganzheit und Gesundheit zurückzufinden.

Buch und Seminar bieten Erklärung und Hilfestellung, das Leben in einen erfüllenden und selbst gestalteten Weg zu wandeln.

Weitere Veröffentlichungen der Autorin

im Schirner Verlag:

Heilenergetik – Die eigene Aura stärken. Das Leben bewusst gestalten. Mit mentalen und energetischen Aufbau-Übungen, Buch, 280 Seiten
Heilenergetik, Das Kartenset zum Buch, 64 Karten mit Booklet
Mit Chakren deine Seele öffnen, Kartenset, 56 Karten mit Booklet
Aufstellungskarten zu Familie, Gesundheit sowie Beruf und Geld. 96 Karten mit Booklet
CD: Heilenergetik – Im Einklang mit deiner Seele – Die Meditationen
CD: Bewusstseinserweiterung – Geführte Meditation, Spielzeit ca. 41 Min.
CD: Chakrenmeditation, Spielzeit ca. 45 Min.
Energiekalender Tag für Tag, Taschenkalender mit Bildern und Affirmationen

Weitere Informationen unter: www.heilenergetiker.de